WAC BUNKO

「日本の歴史」
3
戦国篇

# 戦乱と文化の興隆



部昇一

WAC

# 戦乱と文化の興隆

渡部昇一『日本の歴史』第3巻　戦国篇

●目次

## 第1章　歴史の大断層「応仁の乱」

## 第2章　群雄勃興《ぼっこう》



## 第3章　近世を開いた信長

## 第4章 天下布武《ふぶ》を引き継いだ秀吉

## 第5章 太閤秀吉の栄華

## 第6章　海外進出への意欲

## 第7章 官僚の屈辱外交と日本軍の活躍

装幀／神長文夫＋柏田幸子

# 第1章 歴史の大断層「応仁の乱」

## 日本の大変動

徳富蘇峰《とくとみそほう》（注1）の『近世日本国民史』は画期的な歴史書である。織田信長の時代から筆を起こし、明治の西南戦争とそれに続く大久保利通《おおくぼとしみち》の死までを記述した全百巻の膨大《ぼうだい》な近世史で、大正七年（一九一八）から執筆を始め、昭和二十七年（一九五二）にようやく完結した。

蘇峰はそもそも明治天皇一代史を書くつもりだった。ところが、そのためには先代の孝明《こうめい》天皇について書かなければならない。そうすると幕末の情勢、さらに江戸時代について書かねばならず、そのためには豊臣秀吉を、それには織田信長を……という具合にどんどん歴史を遡《さかのぼ》り、ついには「建武《けんむ》の中興《ちゅうこう》」で一区切りというところまで考えた。しかし、きりがないからというので、日本の近世史を織田信長から書き始めたのである。

それはたしかに一つの見識と言えるだろう。だが、歴史のディテールを考えると、私は「応仁《おうにん》の乱」から始めてもいいのではないかと思う。

この大乱をきっかけに戦国時代が始まるということもあるが、それだけではない。現代の日本の家系は、大名家であれ、名門の家であれ、皇室と一部の公家《くげ》を除けば、そのほとんどが応仁の乱以降に始まる。それより前には遡れないのである。源氏とか平氏を名乗る大名は多いが、実は応仁の乱を境にほとんどの家系がそれ以前と切り離されてしまうので、勝手に「誰々の子孫」と称するようになっただけのことだ。

内藤湖南《ないとうこなん》（注2）は、的確にこう言っている。

「大体今日の日本を知る為に日本の歴史を研究するには、古代の歴史を研究する必要は殆《ほと》どありませぬ。応仁の乱以後の歴史を知って居ったらそれで沢山です。それ以前の事は外国の歴史と同じ位にしか感ぜられませぬが、応仁の乱以後は我々の真の身体骨肉に直接触れた歴史であって……」（大正十年八月、史学地理学同攻会講演『増訂　日本文化史研究』弘文堂書店、大正十三年、一九三ページ）

応仁の乱とは、それほどの歴史的大変動だったのである。このとき、歴史上の大断層が生じたと言ってもよい。

（注1）**徳富蘇峰**（一八六三〜一九五七）　ジャーナリスト・歴史家・評論家・政治家。熊本県生まれ。本名・猪一郎《いいちろう》。明治二十年（一八八七）に民友社を結成し、雑誌『国民之友』を主宰。同二十三年、『國民新聞』を創刊。明治・大正・昭和におけるオピニオン・リーダー

として名を馳《は》せた。

（注2）**内藤湖南**（一八六六～一九三四）　東洋史学者。秋田県生まれ。本名・虎次郎。雑誌『日本人』『大阪朝日新聞』『萬朝報《よろずちょうほう》』などで記者として活躍。のち京都大学教授となり、「京都支那学」の先駆者となった。著書に『近世文学史論』『日本文化史研究』『支那史学史』など。

## 天下動乱の芽

応仁の乱は、足利《あしかが》幕府八代将軍・義政《よしまさ》のときに起こった。

ご承知のように、後醍醐《ごだいご》天皇の「建武の中興」に対して足利尊氏《たかうじ》が新たに光明《こうみょう》天皇を立て、建武三年（延元《えんげん》元年、一三三六）に足利幕府を開いた。後醍醐天皇は奈良の吉野に逃れ、ここに置かれた朝廷を南朝《なんちょう》、京都の光明天皇の朝廷を北朝《ほくちょう》と呼ぶ。それからおよそ六十年にわたって両朝の戦いが続いたが、足利三代将軍・義満《よしみつ》のときの明徳《めいとく》三年（元《げん》中《ちゅう》九年、一三九二）、南北朝が統一され、四代目・義持《よしもち》の時代になってようやく幕府に権力が集中した。

六代将軍・義教《よしのり》のときには完全に諸大名を制し、足利幕府は絶対的な権威を持つようになった。義教は一種の恐怖政治を行い、家臣から庶民まで震え上がるほど義教を恐れたという。

ところが嘉吉《かきつ》元年（一四四一）、義教が重臣・赤松満祐《あかまつみつすけ》によって暗殺され、嫡男《ちゃくなん》である義勝《よしかつ》が九歳で第七代将軍となった。将軍を補佐する三管領《かんれい》（斯波《しば》、細川《ほそかわ》、畠山《はたけやま》）が定められてはいたが、将軍の権力と発言力は絶対的だった。しかし何しろ将軍が年少のため、自然、管領の権限が強くなる。さらに義勝は在位一年足らず、十歳にして馬から落ちて死に、そのあとを弟の義政が、これも僅か八歳で継ぐことになった。

その頃には、それまで幕府を支えてきた功臣たちが次々に世を去っていた。たとえば義教を将軍の座に就《つ》けた畠山満家《みついえ》、私利を求めず党派をつくらぬところから「黒衣《こくえ》の宰《さい》相《しょう》」と呼ばれた満済准后《まんさいじゅごう》、畠山満家と並ぶ宿老《しゅくろう》・山名時熙《やまなときひろ》、それに義勝の補佐役であった細川持之《もちゆき》も、義勝の死の前年に亡くなっている。そんなときに幼少の将軍が二代続いたのだから、すでに天下動乱の種は蒔《ま》かれたも同然であった。

義政は宝徳《ほうとく》元年（一四四九）に元服《げんぷく》を迎え、正式に第八代将軍となったが、芸術には天才的なところがあったものの意志薄弱でもあった。正室として日野富子《ひのとみこ》を迎えるが、二人の間には子供ができなかったため、すでに僧職にあった弟の義尋《ぎじん》を還俗《げんぞく》・元服させ、次期将軍として養子に迎えた。義尋は今出川《いまでがわ》の邸宅に移り、名を義視《よしみ》と改めた。

子供ができないので養子をとったら本妻が妊娠したというのは、庶民の家でもよく見られることである。このときも義視を迎えた翌年、富子に男児が誕生した（のちの九代将軍・義尚《よしひさ》）。当然ながら、富子は自分の息子に跡を継がせたくなる。よくある家督相続の問題だが、これだけなら小さな争いで済んだかもしれない。ところが、六代将軍・義教の死後、すでに大きな変化が大名の間で起こっていた。

## 二大大名・細川家と山名家の対立

応仁の乱とは、結局は相続争いという名の所領争いであった。

将軍家のみならず、管領家（斯波、細川、畠山）でも家督相続をめぐる内紛が起こった。畠山家では、持国《もちくに》が家督を嫡子《ちやくし》の義就《よしなり》に譲ったが、家宰《かさい》である神保越中守《じんぼえつちゆうのかみ》や遊佐長直《ゆさながなお》らが反対し、猶子《ゆうし》（養子）の政長《まさなが》にあとを継がせようとした。これに同じ管領家の細川勝元《かつもと》（持之の子）が介入して政長を支持したため、畠山家を二分する争いとなった。結局、政長が家督を継いだが、これにより畠山家は細川勝元の保護を受けることとなった。

もう一つの管領家である斯波家でも、十八歳の若さで死去した義健《よしたけ》に子供がなかったため、一族の義敏《よしとし》と義廉《よしかど》の間に跡継ぎ争いが起こる。ここでも細川勝元は義敏を助けて家督を継がせたので、斯波氏も細川家の影響下に置かれることになり、三管領のなかで細川氏の力が突出することになった。

一方で、山名家が復活・台頭してくる。山名家は元来、十一カ国を持っていた家柄で、侍所《さぶらいどころ》の長官を務める四職《ししき》（山名、一色《いっしき》、赤松、京極《きょうごく》）の一つであったが、山名氏清《うじきよ》が将軍・義満に対して一族とともに挙兵した明徳の乱（明徳二年＝一三九一年）で討伐され、勢力を失った。ところが、氏清の娘婿である山名時熙が再興して六カ国を回復するまでになり、さらにその子の宗全《そうぜん》（持豊《もちとよ》）が六代将軍・義教を暗殺した赤松満祐を討つ功を立てた。

これにより、山名氏はさらに播磨《はりま》など三カ国を得て、再び管領・細川勝元と並ぶ強大な勢力を誇ることになった。この細川・山名の二大勢力は、管領家の家督相続問題でも対立した。畠山家の争いでは、政長を支持する細川勝元に対し、山名宗全は義就の側についた。斯波家の相続争いでは勝元は義敏を立てようとし、宗全は縁戚《えんせき》にあたる義廉を応援した。

この細川と山名という二大大名の対立に、さらに将軍家の跡継ぎ問題が絡んでいく。

## 足利義政を取り巻く人々

義政の正室・日野富子は、ようやく生まれた自分の息子・義尚を将軍職に就けようと必死だった。次期将軍を約束された義視には、執事として細川勝元がついている。そこで富子は、山名宗全に援助を求めた。これでさらに細川・山名の対立が大きくなった。

富子はもともと権力欲の旺盛な女で、その先祖には、九州へ逃げた足利尊氏に後光厳《ごこうごん》天皇（北朝）の錦《にしき》の御旗《みはた》と詔勅《しょうちょく》を届けた三宝院賢俊《さんぼういんけんしゅん》のような人がいた。この詔勅と錦の御旗のおかげで楠木正成《くすのきまさしげ》・新田義貞《にったよしさだ》の軍に勝てたのだから、足利氏はこの恩を深く感じていた。その三宝院家の一族が常に足利幕府の中枢《ちゅうすう》にいたから、富子の権勢も非常に大きかった。

意志薄弱な義政は、三人の「魔《ま》」に左右されたと言われている。それは今参局《いままいりのつぼね》（いま）、烏丸資任《からすますけとお》（からすま）、有馬持家《ありまもちいえ》（ありま）の三人の側近のことである。

今参局は義政の乳母《うば》で、のちに側室になった。しかし、本妻の日野富子に代わろうとするかのように諸事に口を出して周囲から憎まれ、結局、細川勝元や畠山持国らによって琵琶湖《びわこ》の沖島《おきしま》に流されて死んだと言われている。公家の烏丸は義政の姻戚《いんせき》で、義政にいろいろな知恵をつける。寵臣《ちようしん》の有馬はおべっか使いであった。この三人が幕政に重きをなしたため、政治が大いに乱れた。

さらに、幼い義政を養育した伊勢貞親《いせさだちか》という家臣がいた。義政も貞親夫婦を養父母として遇したため、伊勢貞親も幕政にあれこれ口を出した。

このようにさまざまな人物の欲と思惑が入り乱れ、場当たり的な政策が横行したものだから幕府の統制力が弱まり、細川・山名の対立は各大名の間にまで広がった。ついには全国の武士が細川の東軍と山名の西軍に分かれて争い、ご存知のような大乱（応仁の乱）になるわけである。それは応仁元年（一四六七）から十一年も続いた。

## 外では戦争、内では宴会

この大乱が起こるまでは、依然として六代将軍・義教の権勢が残っており、諸大名はビクビクしていたから、しばらくは平和な時代が続いていた。

義政は長禄《ちようろく》二年（一四五八）、祖父・義満が造営した室町第《むろまちだい》（花の御所）の復旧工事を始めた。美的センスに恵まれていた義政は美しい盆山《ばんやま》を築き、立派な大庭園を造り上げて翌年、この室町新第に移った。この当時、諸国に飢饉《ききん》が起こり、寛正《かんしよう》二年（一四六一）

の大飢饉では悪疫《あくえき》の流行も加わって賀茂川を死体が埋めるほどだったが、義政は一向に気にかけず、造園に夢中だった。当時は挿花《さしばな》といった華道も好み、造園、盆景、挿花など、日本人の自然趣味の原型が、義政のもとで全国に広まった。

物見遊山《ものみゆさん》にもしばしば出かけ、奈良などへ行くときは文武の百官を連れていって、義満同様、正倉院《しょうそういん》から蘭奢待《らんじゃたい》（注1）を削ってもらっている。育ての親である伊勢貞親の家には毎月行って、宴会をした。

義政の贅沢《ぜいたく》の極みが、寛正六年（一四六五）三月四日の花頂山《かちょうやま》の花見であった。公家や武家を引き連れ、黄金で箸《はし》を作るなど、衣服調度は華美を極めた。花の下で連歌会《れんがかい》を催し、義政自ら発句《ほっく》を作って「咲き満ちて　花より外の色もなし」と詠じた。これは平安時代、藤原氏の最盛期に藤原道長《ふじわらのみちなが》が「この世をばわが世とぞ思ふ　望月《もちづき》の欠けたることもなしと思へば」と詠《よ》んだのと好一対《こういっつい》をなしている。

この豪奢《ごうしゃ》な花見の二年後に応仁の乱が起こったのだが、武力のない義政自身は何もしなかったし、また何もできなかった。ただ、中立の立場をとって山名とも細川ともうまくつきあい、どちらからも憎まれないでいた。山名・細川にしても、敵に担がれては困るわけだから義政を大切にする。けっこうな身分であった。門の外では戦争をやっているが、門のなかでは詩歌《しいか》の会と宴会ばかりが行われていたわけである。

政治に対してすっかり関心をなくし、正室の富子とその兄の日野勝光《かつみつ》に任せきりだった義政は、文明《ぶんめい》五年（一四七三）、山名宗全と細川勝元が相次いで没したのを機に、富子が生んだ義尚に将軍位を譲る。富子もけしからん女で、自分が権力に目覚めたため、義政と義尚との父子の仲を裂き、自分が政治をやりたいものだから義尚を酒色《しゆしよく》に溺れさせ、賄賂《わいろ》をとり、勝光の死後は富子一人で政治と蓄財にあたった。

将軍職を息子に譲った義政は、東山の月待山《つきまちやま》山麓に隠居所の造営を始めた。全国に臨時の税を課して造営費を捻出《ねんしゆつ》しようとしたが、すでに勢力がなくなっていたから思うように金が集まらず、将軍家の領国である山城の国に金を出させて、ようやく東山殿《ひがしやまでん》（東山山荘）を造って移り住んだ。そこで義政を東山殿《ひがしやまどの》というようになり、息子の義尚を室《むろ》町殿《まちどの》というようになった。義政は東山殿に十一の楼閣《ろうかく》を建てたが、現在残っているのは銀閣《ぎんかく》だけである。

（注１）**蘭奢待**　奈良時代にシナから伝わったといわれる正倉院宝物の名香木。長さは約一・五メートル。足利義満・義政のほか、織田信長、徳川家康も勅許《ちよつきよ》を得て切り取ったとい

われる。蘭奢待の文字のなかに「東大寺」の三字が含まれる。

## 日本の美を創出した足利義政

義政は一種の天才であった。審美眼と美的感覚が抜群で、唐《とう》や宋《そう》の名画を集め、シナでは忘れられた牧谿《もっけい》（注1）の水墨画を高く評価した。茶碗でも、彼が褒めたものは「大名物《おおめいぶつ》」と呼ばれ、信長や秀吉の時代には特別重要な茶器として尊ばれた。また自ら茶をたて、四畳半の茶室の始まりとされる書院「同仁斎《どうじんさい》」を東山殿東求堂《とうぐどう》のなかにつくった。茶の師匠は、「わび茶」の創始者である大徳寺《だいとくじ》の珠光《しゅこう》（注2）とも言われている。日本の「茶の湯」は鎌倉時代の禅宗の僧侶たちによって精神修養的な意味を強めながら広まったものだが、文化の中心として重きをなしてくるのは、この義政のときである。

義政の趣味・センスというのがまた凝《こ》っている。義満の金閣寺《きんかくじ》は、他の権力者でも同じようなものを建てたかもしれない。外国人にも、そのきらびやかさと美しさは大いに理解できるだろう。だが、われわれ日本人には、むしろ銀閣寺のほうが好ましいと感じられる。その「しぶさ」に趣味のよさと高級な美を見るからである。義政は日本人の新しい感受性を発掘したといってもいい。日本人は義政によって、「幽玄《ゆうげん》」の美というものを理解できるようになったのではないかと思う。

この頃、日本の代表的な画家、雪舟《せっしゅう》が出た。雪舟は明《みん》に渡って「四明（寧波《ねいは》）天童山第一座」の称号を贈られ、皇帝の命で北京の礼部院《れいぶいん》に壁画を描いて絶賛されたという。水墨画では当時のシナも含めて一流の絵師となったが、これも義政の時代なればこそといえる。雪舟の作品には、義政の美意識と相通じるものがある。

義政の時代には、遣明船《けんみんせん》による明との貿易も行われていた。大名や寺、商人の船が一緒に行くのだが、日本から送るものは鎧《よろい》、刀、槍、硫黄《いおう》などが多かった。逆に明から輸入するものは銅銭、扇子などのほか、硯《すずり》などの文具が目につく。これは、将軍・義政の趣味が大名にも及んでいたことの表れだと思う。

（注1）**牧谿**（生没年不明）　十三世紀後半、宋末期から元《げん》の初めにかけての僧・水墨画家。没後、シナでは忘れられたが、日本では室町時代の水墨画に大きな影響を与え、多くの作品が国宝・重要文化財に指定されるなど、いまも高く評価されている。その作品は日本以外にはほとんど残されていない。
（注2）**珠光**（一四二二?～一五〇二）　水墨画家・連歌師の能阿弥《のうあみ》や一休禅師《いっきゅうぜんじ》の影響を受

け、能、連歌、禅の精神性を茶道に取り入れて「わび茶」の精神を創出したとされる。完全性を拒否した「月も雲間のなきは嫌《いや》にて候」という有名な言葉が残っている。村田珠光と、姓を付けて呼ばれることもある。

## 一向宗による〝宗教国〟の出現

応仁の乱は京都を焼け野原にしたが、そういう時代にあって注目すべきは、一向宗《いっこうしゅう》が登場したことである。

これは親鸞《しんらん》の開いた浄土真宗《じょうどしんしゅう》が、親鸞が高田《たかだ》（栃木県真岡《もおか》市）に建てたといわれる専修寺派《せんじゅじは》（真宗高田派）と、東山の大谷《おおたに》につくられた親鸞の墓所を管理し、その血脈を受け継ぐ本願寺派《ほんがんじは》の二派に分かれたのが始まりである。

応仁の乱の頃、専修寺派には真慧《しんね》、本願寺派には蓮如《れんにょ》が出てそれぞれ勢力を拡大した。この二つの派がどちらも親鸞の教えを唱えるのだが、蓮如は「御文《おふみ》」という手紙形式で平易な教義を説き、戦乱に不安を募らせる民衆の心を捉《とら》えた。

一向に（ひたすら）念仏を唱えるべしという蓮如の教えは、一向俊聖《いっこうしゅんじょう》の「一向宗」、一遍上人《いっぺんしょうにん》の「時宗《じしゅう》」と混同され、浄土真宗もひっくるめてすべて「一向宗」と呼ばれるようになった。

本願寺派は比叡山延暦寺《ひえいざんえんりゃくじ》から「邪宗」「仏敵」といわれて寺を壊されたりするが、近江《おうみ》に行けば近江に、三河《みかわ》に行けば三河に、越前《えちぜん》に行けば越前にというように、各地に教団の拠点をつくる力が蓮如にはあった。そこに信者が集まり寄附をするから、蓮如は王侯の如く財力と兵力を持ち、民衆や無頼《ぶらい》の徒が集まって「一向一揆《いっき》」も起こすようになった。

それまでの日本には例のない〝宗教国〟も生まれた。

たとえば、応仁の乱の下の加賀《かが》の富樫《とがし》家では当時、政親《まさちか》と泰高《やすたか》の二派が加賀を二分し、それぞれ半国の守護のようであった。富樫政親は細川勝元の東軍に与《くみ》し、一向宗では真慧の専修寺派に心服していた(ちなみに、真慧の妻は政親の娘である)。泰高のほうは山名宗全の西軍につき、一向宗では蓮如を尊び、本願寺派の寺を保護した。この二者が争い、専修寺派の政親が一時優勢であった。

しかし、政親が九代将軍・義尚の近江の六角《ろっかく》征伐を助けるために京都へ出た隙《すき》に、本願寺派は一揆を起こし、泰高を主将にして、政親を高尾城《たこじょう》に囲んで自殺させた。本願寺派の一揆は加賀の専修寺派の寺を破壊し、勢いに乗じて能登《のと》に攻め入り、能登の守護の畠山義統《よしむね》を近江に追いやった。さらに一揆は越中《えっちゅう》を征服し、越前に入ったときにようやく朝倉《あさくら》氏によって撃退された。蓮如は加賀石川郡の山崎山《やまざきやま》に寺を建て、これを「本願寺」と名づけ、信徒は「御山《おやま》」と言った。これがのちの金沢城になる。

このあと、富樫泰高が加賀守護代となったが、実権は一向宗の蓮如派（本願寺派）に握られ、加賀一国は武家に統治されることなく、ほぼ一世紀にわたって一向宗の支配下に置かれた。本願寺は一国の主の如くなり、信徒も国主の如く仰ぎ奉った。当時はそのため、「加州一国は無主《むしゅ》の国となった」と言われたのである。

比叡山の批判によれば、一向宗は念仏さえ唱えていれば何をしてもよいというので、仏像、経巻《きょうかん》（経典）すべて破棄し、神社仏閣も顧《かえり》みない、ということになる。比叡山の宗徒も、本願寺派の暴行を管領・畠山政長に訴えているが、その訴状のなかには「仏像経巻を破滅し、神社仏閣を顚倒《てんとう》し……」とある。

この批判は、ルターの宗教改革を思い起こさせる。その後、日本にやってきたイエズス会士は一向宗を見て、「ルターの猫がここにもいるのか」と言ったという。

当時、ヨーロッパでは「猫と猿の神学」という言い方があった。ルター派は猫の神学で、カトリックは猿の神学だというのである。どういうことかというと、猫は子猫の首をくわえて運ぶから、そこに子猫の意思は介在しない。猿のほうは母親が抱いていくから、子猿はしがみつかねばならない。

つまり、カトリックは信者のほうも善行《ぜんこう》を積み、自ら努力をしなければ救いがないが、ルターのほうは神様におまかせで、ただ信じればいい。信者がいいことをしようと悪いことをしようと関係ない、という批判である。宗教改革の特徴は、中世以降の教会や修道院やマリア像、聖人画などを破壊したことである。

当時の比叡山が一向宗に対して行った批判は、カトリックによるルター批判と非常によく似ているのである。

## 大乱のなかで古今伝授が始まった

戦乱が続くなかでも、学問と文芸は忘れられてはいなかった。

たとえば後花園《ごはなぞの》天皇の父君である後崇光《ごすこう》院は、日記を四十七年間つけていた。それが『看聞御記《かんもんぎよき》』四十三巻で、中世を勉強するには必ず読まなければならない史料といわれるが、こういう長大な日記を書く方が皇室におられたというのが当時の雰囲気を表している。皇室や公家の日記は、たいてい朝廷関係のことを記録しているのだが、この御記は、民間のことに至るまで見聞きされたことが記されているのである。

永亨《えいきょう》十一年（一四三九）には、後花園天皇による勅撰《ちょくせん》和歌集『新続古今和歌集《しんしょくこきんわかしゅう》』二十巻が成立している。これは『古今《こきん》和歌集』に始まる勅撰集の第二十一番目のもので、しかも最後のものである。撰者が飛鳥井雅世《あすかいまさよ》であり、武家や僧侶の歌が多いのが一つの特色とされている。南朝関係の人の歌がほとんどないのは、後花園天皇の生父、後崇光院が、北朝第三代の崇光《すこう》天皇の孫であらせられるからであろう。二条《にじょう》家の手を離れた編集なので公平であり、よい歌が多いと評されている。

後花園天皇に次いで即位した後土御門《ごつちみかど》天皇の時代になると皇室は貧窮《ひんきゅう》してきたが、それでも後土御門天皇は経書《けいしょ》（注1）は舟橋《ふなばし》（清原《きよはら》）宣賢《のぶかた》に、『日本書紀』は一条兼良《いちじょうかねよし》に、そして神道については吉田兼倶《よしだかねとも》に講義させて勉強を続けられている。

九代将軍・義尚も、近江守護の六角高頼《たかより》を討つべく出陣した際、戦場で宗祇《そうぎ》に『伊勢物語』を講義させたり、五山の僧に『左氏伝《さしでん》』や朱熹《しゅき》（朱子）を講義させたりするくらい学問好きでもあった。もっとも、母親の日野富子に勧められるまま酒に溺れたおかげで、陣中で病死してしまう。二十五歳の若さであった。

古今伝授《こきんでんじゅ》（注2）が始まったのも、応仁の乱のさなかであった。二条・冷泉《れいぜい》の両家の歌風を学んだ東常縁《とうつねより》という人は、元来は平氏で下野守《しもつけのかみ》であったが、応仁の乱のあと、先祖伝来の地・美濃《みの》を返還された。彼は藤原俊成《としなり》の娘が書写した『古今和歌集』の古写本などを得て、そこから解釈上の口伝を宗祇に与えた。これが、古今伝授の初めとされる。

連歌の宗祇は、常縁から受けた古今伝授のことを、自己の権威を高めるために大いに利用し、そのために〝古今伝授〟が有名になったと言われている。そして、それがのちの武将・歌人、細川幽斎《ゆうさい》（藤孝《ふじたか》。一五三四～一六一〇）などにまで伝わっていく。

東常縁から古今伝授を受けた宗祇は、「花の下《もと》」という称号を授けられた。後嵯峨《ごさが》天皇の時代（在位一二四二～四六）、花の下で開いた連歌会に参加した身分の低い地下《じげ》の者を「花の下」と呼んだ。そこから転じて、連歌・俳諧《はいかい》の最高権威者である宗匠《そうしょう》の称号となったらしい。

細川幽斎まで古今伝授が受け継がれたときに、関ヶ原の戦いが起こった。家康方についた幽斎の居城が石田三成《いしだみつなり》方に囲まれたとき、古今伝授が途絶えることを憂慮された後《ご》陽成《ようぜい》天皇が三成に命じて囲みを解かせ、幽斎を助けた。古今伝授はそれほど重んじられたのである。その内容は本当はつまらないものらしいが、この頃から学問が一般に非常に普及するとともに、〝秘伝〟というものが尊ばれるようになったのである。

南北朝時代から朱子学が盛んになり（これについては「中世篇」でくわしく述べる）、明にも留学した臨済宗《りんざいしゅう》の僧・桂庵玄樹《けいあんげんじゅ》は、応仁の乱がようやく静まった文明《ぶんめい》十三年（一四八一年）に四書五経《ししょごきょう》のうち、『大学章句』を出版した。

玄樹が明から帰国したとき、京都は戦場になっているので九州に行き、菊池《きくち》氏で教え、のちに島津氏に招かれて鹿児島へ赴《おもむ》いた。彼は大いに歓迎され、そこの家老・伊地知重貞《いじちしげさだ》と一緒に『大学章句』を出したのである。これが「伊地知版大学」とか「文明版大学」と呼ばれるもので、朱子の新註が日本で印刷されたのは鹿児島が最初の地であった。このことからも、応仁の乱によって文化が地方に広がった様子が想像される。

この頃は明との交渉が盛んだった。同じく臨済宗の僧である了庵桂悟《りょうあんけいご》は、後柏原《ごかしわばら》天皇の命令によって八十六歳で遣明使として大陸に渡り、明の武宗《ぶそう》に重んぜられ、帰国時には王陽明《おうようめい》から送別の言葉を贈られた。その文書はいまも残っている。

一方で、足利義政に重用《ちょうよう》された瑞渓周鳳《ずいけいしゅうほう》という僧は『善隣国宝記《ぜんりんこくほうき》』を書いている。上巻は仏教交通史、中巻は室町の外交史、下巻は北畠親房《きたばたけちかふさ》の『神皇正統記《じんのうしょうとうき》』を中心としたものだが、そこに「日本ではシナの書物や経典を読み、外国のことをいろいろ学ぶ人はいるが、日本のことを知る人は意外にいない。日本が神国である理由を知るべきである」というようなことを書いていて、義満が明に対する国書に「臣」の文字を用いるのはよくない、「臣」という字は日本の天皇に対してのみ使うべきであると批判した。

また、明への国書には年号は日本のものを使うべきで、明のものを使うべきではないとしている。日本に独自の年号のあることは明でも知られているというのだ。これは「明の属国の朝鮮の真似をするな」という意味である。朝鮮は宗主国の明と同じ年号でなければならなかった。ずいぶん勇気のある人であった。仏教の僧のなかにも、日本についての国体認識の変化があったことを示す興味ある現象である。

（注1）**経書**　四書、五経、十三経など、儒教における古代シナの聖人賢者の教えを記した重要文献の総称。経典ともいう。

（注2）**古今伝授**　『古今集』の難解な語句の解釈などを、秘伝として師から弟子に伝え継承すること。

## 全国各地に拡大する文化

京都が戦場になったこの時代には、大名がそれぞれ自分の領国に戻ってそれぞれ自国の経営に努めたので、地方でも文化が興《おこ》ったのである。いくつかの例をあげてみよう。

大内義弘《おおうちよしひろ》以来、足利時代初期における中国地方の大大名だった大内氏は、明との独自の貿易などで非常に豊かだった。東山時代の大内政弘《まさひろ》は和歌・連歌を好み、多くの歌人・連歌師と交流があって、三条西実隆《さんじょうにしさねたか》に『新古今集』を写させたりもした。宗祇が『新撰菟玖波集《しんせんつくばしゅう》』（注1）を編んだのは、後土御門天皇からだけでなく、大内政弘の勧めもあったからだと言われている。

九州でも菊池家の菊池重朝《しげとも》が、前述した桂庵玄樹を招いて学問の普及に努めている。桂庵玄樹がのちに島津家に招かれて、『大学章句』を出版したことは前にも述べた。これは日本で初めて出版された朱子学の書物、つまり新しい学問の本だったのであるが、それが九州で出版されているのである。地方の文化が京都よりも新しかったという一例になる。

関東管領・足利持氏《もちうじ》の執事で、持氏を滅ぼして自ら関東管領になった上杉憲実《うえすぎのりざね》は、足利学校（中世の高等教育機関。関東における事実上の最高学府）を再興した。足利学校を誰が建てたかは異論のあるところだが、足利累代《るいだい》の菩提寺《ぼだいじ》の隣りに建てられたことから、おそらく十二世紀末の足利義兼《よしかね》だろうと言われている。

たしかなのは、上杉憲実が書物の閲覧規定をはじめいろいろな規則を作ったり、円覚《えんがく》寺《じ》から快元《かいげん》という坊さんを呼んで庠主《しょうしゅ》（校長）にしたり、貴重な宋版《そうはん》を寄附したりしていることである。この足利学校はなぜか非常に重んじられていて、山内上杉《やまのうちうえすぎ》家、北条《ほうじょう》家、武田《たけだ》家、徳川《とくがわ》家もすべて保護している。キリシタンのフランシスコ・ザビエルも「日本最大の坂東《ばんどう》（関東地方）のアカデミー」と記していて、ヨーロッパでも有名になった。漢学だけではなく、おそらく医学の本もあったのだろう、医師の田代三喜《たしろさんき》（注2）や曲直《まな》瀬《せ》道三《どうさん》（注3）などもここで学んでいる。

宋版という言葉が出たが、本の印刷は宋から始まったと言ってもよく、宋版というのは非常に貴重なもので、北宋《ほくそう》の版が残っているのは世界で日本だけである。南宋《なんそう》の本を含めても、そのほとんどは日本にしかない。そういう点でも、足利学校は非常に重要な役割を果たしていた。

だから、都から遠く離れた関東にも意外なことに学問のある人が多かった。江戸城で和歌の会を開いていた太田道灌《おおたどうかん》のような武将もいる。足利学校を再興した上杉憲実が関東管領をやっていた影響もあったものと思われる。ほかの地方からきた人も、関東人は教養があるという印象を受けたようだ。後世の上杉謙信《けんしん》、武田信玄《しんげん》なども学問があった。

京都が戦場となった応仁の乱のときには、公家や禅僧がどんどん地方に散って行った。それが各地に文化の種を蒔くことになったのである。

中央政府がどんどん弱体化するから、地方の豪族は自ら国を治める方法や民を手なずける方法などを工夫しなければならない。それで古今の制度を研究しようという動きも起こった。また、学問のある公家や禅僧も乱を避けて地方に下ったし、公家の娘で大名に嫁《か》する者もあった。このようにして、応仁の乱のおかげで京は荒廃したが、その代わり地方に文化が広まったのである。

地方への文化の伝播《でんぱ》ということで特別に興味をひくのは、伊勢神宮である。伊勢神宮は神社のなかの神社、皇祖《こうそ》を祀《まつ》る至高の神社であって、元来は一般の人は参拝を許されていなかった。しかし応仁の乱が起こると、神社を維持するための貢物《こうもつ》を朝廷から出すことができなくなったのである。そこで伊勢の御師《おんし》たちは、維持策として伊勢神宮参拝の講中《こうちゆう》をつくったのであった。

これはお寺詣《もう》での「講」からヒントを得たものと思われる。伊勢神宮の下級の神職たちは、日本中を回って講をつくり、年末に暦《こよみ》や御祓《おはらい》を配り、参詣者《さんけいしや》のための案内や宿泊の世話をするようになった。各御師は何国の何村は自分の持ち分というように考え、その講中の売買までされるようになった。

このようにして、庶民は参拝できなかった伊勢神宮が庶民に支えられる全国的崇敬の対象となったのである。応仁の乱は民主化の力も持っていたと言えよう。

（注１）『**新撰菟玖波集**』　明応《めいおう》四年（一四九五）に成立。全二十巻。後土御門天皇、大内政弘を含めたおよそ二百五十人の二千句を収めている。
（注２）**田代三喜**（一四六五〜一五四四）　武蔵国越生《むさしのくにおごせ》の生まれ。家は代々医業を生業《なりわい》とし、十五歳で仏門に入り、足利学校で学んだあと、明に渡ってさらに医学を修める。晩年は関東一円で庶民の医療を行って「医聖」と仰がれた。
（注３）**曲直瀬道三**（一五〇七〜九四）　近江の出身。足利学校で医学に興味を持ち、田代三喜に入門して最新の漢方医学を修めた。京に戻り、名声を得て、将軍・足利義輝《よしてる》、毛利元就《もうりもとなり》、正親町《おおぎまち》天皇、織田信長など数多くの重要人物の診療を行い、以後、曲直瀬家は代々御殿《ごてん》医《い》を務めた。

# 第2章

# 群雄勃興

## 戦国大名の先駆者たち

応仁の乱によって将軍の権威が衰えただけでなく、守護大名も家臣に実権を奪われるようなことが起こり、身分の低い者が実力で上の者を倒す下剋上《げこくじょう》の風潮が見られるようになった。

「下剋上」とは「上下《カミシモ》ニ剋《カ》ツヲ制《セイ》ト曰《イ》ヒ、下上《シモカミ》ニ剋《カ》ツヲ伐《バツ》ト曰《イ》フ」という文句から出ていて、下位の者が上位の者の地位や権威を侵《おか》し奪うことで、『源平盛衰記《げんぺいじょうすいき》』（注1）や『太平記《たいへいき》』（注2）あたりからよく使われた言葉である。南北朝時代から目につく社会現象だったが、室町中期から戦国時代に至っては「下剋上の時代」と言ってよい。こうした風潮のなかから、日本中に新しい戦国大名が生まれる。その嚆矢《こうし》であり、代表格とも言えるのが小田原の北条早雲《ほうじょうそううん》と美濃《みの》の斎藤道三《さいとうどうさん》であった。

北条早雲（伊勢新九郎盛時《いせしんくろうもりとき》）は、伊勢の関《せき》氏の一族から出た。早雲の妹である北川殿《きたがわどの》が駿河《するが》の守護大名・今川義忠《いまがわよしただ》の室《しつ》であった縁で、今川家に寓居《ぐうきょ》していた。

ところが義忠が戦死して、義忠と北川殿の子供の氏親《うじちか》（龍王丸《たつおうまる》）がたった六歳であったことから家督争いが始まった。家臣の三浦氏と朝比奈《あさひな》氏は義忠の従弟《いとこ》・小鹿範満《おしかのりみつ》を擁《よう》立《りつ》したため、北川殿と氏親は乱を避けて隠れた。これに伊豆堀越公方《いずほりこしくぼう》（堀越御所）の足《あし》利政知《かがまさとも》（八代将軍・義政《よしまさ》の異母兄）と関東管領《かんとうかんれい》・上杉定正《うえすぎさだまさ》（扇谷《おうぎがやつ》上杉氏当主）が介入し、政知は執事の上杉政憲《まさのり》を、定正は家宰《かさい》の太田道灌《おおたどうかん》をそれぞれ派遣して、駿河鎮撫《ちんぶ》という名目で範満を当主に立てて今川家の内紛を収めようとした。

そこに早雲が現れ、上杉政憲と太田道灌に「たしかに家臣同士の争いが行われていますが、彼らは主家を敵としているわけではありません」と言って、自分が氏親派と範満派を和解させると申し出た。両派に対しては、おそらく「内輪揉《うちわも》めしていると外から攻められるぞ」というようなことを説いたのだろう。調停はうまくいき、氏親が成人するまで範満を後見人として家督を代行させることになった。氏親は母親とともに府中に戻った。たった一人で今川家の内紛を収め、氏親の家督を守った早雲が力を持つようになったのは当然であった。

さて、堀越公方政知には、嫡子《ちゃくし》・茶々丸《ちゃちゃまる》のほかに後妻、円満院《えんまんいん》の子・潤童子《じゅんどうじ》と清晃《せいこう》（のちの十一代将軍・義澄《よしずみ》）がいた。政知が死ぬと、円満院は自分の子・潤童子を堀越御所の跡継ぎにするため、茶々丸が発狂したことにして幽閉《ゆうへい》してしまったが、茶々丸は憤然として牢を破り、潤童子と円満院を殺して自らが堀越公方となった。ところが茶々丸は重臣まで殺したりしたものだから、家臣たちの支持を得ることができなかった。

明応《めいおう》二年（一四九三）、管領・細川政元《ほそかわまさもと》が将軍・義稙《よしたね》を追放し、出家していた清晃（足利義澄）を擁立する。新たに将軍となった義澄は、兄と母の仇《かたき》である茶々丸討伐を早雲に命じた。早雲は伊豆堀越御所を襲って茶々丸を滅ぼし、韮山《にらやま》に城を構えて伊豆国を治めることになった。

この頃から、早雲は北条氏と称するようになった。北条氏は桓武《かんむ》平氏の流れを汲む平《たいらの》直方《なおかた》の子孫、つまり平家だからである。当時は、源氏と平家が交替で覇権をとるという源平更迭思想《げんぺいこうてつ》があった。源氏のあとは平家、そのあとはまた源氏というわけである。平家である北条氏のあとに源氏の足利氏が出たから今度は平家の番だということで、早雲は北条を名乗ることにしたのである。

関東の上杉家は、元来は足利幕府の関東における執事のような役割の家だったが、それが扇谷上杉と山内上杉とに分かれていた。この二つの上杉家の間に抗争が始まると、早雲は扇谷の上杉定正に味方した。

定正は敵である山内の上杉顕定《あきさだ》の讒言《ざんげん》を信じて、自らの重臣である太田道灌を殺してしまうような人物ではあったが、早雲の助けもあって、上杉顕定に対しては連戦連勝する。ところが戦いの最中に定正が落馬して死に、子供の朝良《ともよし》がそのあとを継ぐ。扇谷上杉家は劣勢に回ってしまう。それを見て早雲は、両上杉を追い出して自分が関東を統一しようという気になった。

小田原には扇谷上杉を支える大森氏《おおもり》がいた。なかなかの武将であった大森氏頼《うじより》は早雲を警戒していたが、明応三年（一四九四）に氏頼が亡くなると早雲は翌年、息子の藤頼《ふじより》に箱根で鹿狩りをしたいと申し入れ、藤頼は快くこれを許した。早雲は箱根に入るとそのまま奇襲を仕掛け、小田原城をやすやすと奪ってしまった。要するに、他家の内紛や跡継ぎが愚かなのに乗じて勢力を拡大し、伸《の》し上がっていくのが早雲のやり方である。続けて、鎌倉以来の名門であり、大森氏と並ぶ扇谷上杉家の支柱であった三浦氏も早雲に攻め滅ぼされ、こうして早雲は相模《さがみ》全域をわがものにした。

（注１）『**源平盛衰記**』　鎌倉後期以降に成立したと見られる作者未詳の軍記物語。四十八巻。『平家物語』の異本の一つで、源氏側の記事および豊富な説話が増補され、謡曲・浄瑠璃《じょうるり》・講談に取り上げられるなど、後世への影響も大きい。

（注２）『**太平記**』　鎌倉時代末期から建武《けんむ》の中興《ちゅうこう》・南北朝に至る争乱の歴史を、南朝側の立

場から描いた軍記物語。全四十巻。応安《おうあん》年間（一三六八〜一三七五）に成立。小島法師《こじまほうし》の作とも伝えられる。江戸時代初期から「太平記読み」と言われる講釈師が現れ、これがのちの講談のもとになったという。

## 関東を我がものにした名将・北条早雲

早雲は韮山で、永正《えいしょう》十六年（一五一九）、八十八歳で亡くなっている。徒手空拳《としゅくうけん》の身から駿河、伊豆、関東まで我がものにするというとんでもない出世をした早雲は、群雄勃興《ぐんゆうぼっこう》の先駆者とされている。

大変な悪行を行ったようにも言われるが、早雲を弁護する説もある。そもそも権力を手中にした武将には、主人に背《そむ》き、他を欺《あざむ》き、権謀術策《けんぼうじゅっさく》を用いてその座を奪った者が多いが、彼の場合は実力で取っただけである。主殺しはしていない。当時の道徳からすれば、主殺しといってもさほどあしざまに言われることではない。戦争なのだから、お互いさまである。

これは早雲に限らず、新たに勃興してきた武士の特徴として、これまでの国司《こくし》や地頭《じとう》とは違い、力で手に入れた領地に対して自分の国だという意識が強かった。だから早雲は家臣を大切にし、民政に配慮した。いちばんわかりやすい例は、税を安くしたことだ。四公六民《しこうろくみん》という、当時としては例のない安い税率である。近隣の領土の百姓たちが、自分たちも早雲の領民になりたいと願うようになったほどである。

早雲は非常に学問好きでもあった。当時の武将なら信玄《しんげん》も謙信《けんしん》も読んだと思われる『六韜三略《りくとうさんりやく》』（古代中国の兵法書、「六韜」と「三略」の併称）の講義を受けたとき、早雲は「夫《そ》れ主将の法は、務めて英雄の心を攬《と》り、有功を賞禄し、志を衆に通ず」（人の将たらん者は、英雄の心を掌握するように努め、功績を表彰し、自分の意思を人民に周知させなければならない）というところまで講義を受けて、「ああ、もうわかった。それだけ聞けば十分だ」と言ったため、そこで講義は終わったという。これは、早雲がいかに家来の心を捉《とら》えていたかを示す逸話として考えるべきだろう。

早雲は『太平記』もよく読んでいた。写本を何種類も集めて校合《きようごう》し、足利学校に送って学者の判断を仰いだりしている。さらに注目すべきことは、『吾妻鏡《あづまかがみ》』（注1）を研究していることだ。『吾妻鏡』は鎌倉幕府の日記のようなもので、政治の教訓になるような事実がたくさん書かれている。

のちの天正《てんしょう》十八年（一五九〇）、小田原城が秀吉に落とされ、秀吉の参謀・黒田如水《くろだじょすい》

（官兵衛《かんべえ》）が講和のために小田原城に入ったとき、第五代当主の北条氏直《うじなお》が、この北条本『吾妻鏡』と早雲の刀を如水に贈ったといわれている。これは如水の子、長政《ながまさ》によって徳川家に献上され、徳川家康が愛読したことでも有名である。

北条家の家訓として、二十一カ条の教えを残したことも知られている。神仏を崇《あが》め敬うこと、文武両道、質素倹約など、日常生活の心得を平易に簡潔に記し、これが北条氏の生活や考え方の基本となった。本当に早雲がつくったかどうかは別として、当時は関東一帯の子供たちもこれを習ったというほど立派な教えである。事実、北条家は以後、氏綱《うじつな》、氏康《うじやす》、氏政《うじまさ》と続くが、氏政はかなり落ちるもののそれぞれ名将として知られ、また名政治家でもあった。やはり、早雲は有能な戦国武将の一典型と言っていいであろう。『名将言行録《めいしょうげんこうろく》』（注2）にも早雲や氏康の言行の多くが採録されており、下剋上時代の大名が、いかに部下や領民を大切にしたか知られる。それ以前は、国司とか守護・地頭と言っても中間搾取《さくしゅ》階級にすぎなかった面が強いが、戦国の武将は「自分の国」を大切にしたのである。

（注1）**『吾妻鏡』** 鎌倉時代に成立した史書。全五十二巻（第四十五巻は欠）。筆者不詳。

治承《じしょう》四年から文永《ぶんえい》三年（一一八〇～一二六六）の八十七年間、すなわち木曽義仲《きそよしなか》が兵を挙げてから蒙古《もうこ》（元《げん》）の使者が来朝する二年前までを日記体で記す鎌倉政治史。『東鑑』とも書く。

（注2）**『名将言行録』**　武田信玄、上杉謙信、織田信長、豊臣秀吉、徳川家康などの戦国武将から江戸時代中期の大名まで、百九十二名の名将の言行や逸話を記録した人物列伝。幕末の上州館林《たてばやし》藩士・岡谷繁実《おかのやしげざね》（一八三五～一九二〇）が十六年の歳月をかけて完成させた。明治二年刊行。

## 下剋上の時代を体現した斎藤道三

もう一人、典型的な戦国武将として美濃の斎藤道三が挙げられるが、彼が伸し上がっていく過程も、実に劇的である。

美濃は鎌倉時代からの有力大名、土岐《とき》家が守護を務めていたが、下剋上の時代に執事の斎藤家が勢力を伸ばし、やがて土岐家を凌《しの》ぐまでになって、斎藤家の内紛に土岐家が巻き込まれたりもした。土岐家の家督争いも起こり、そこに尾張《おわり》の織田氏や近江《おうみ》の六角《ろっかく》氏、越前《えちぜん》の朝倉《あさくら》氏が介入する。やがて斎藤家は没落し、代わりにその家宰だった長井《ながい》氏が台頭してきた。このあたりは非常に錯綜《さくそう》している。

そうした争いを背景に、斎藤道三が登場する。彼はもと山城国《やましろのくに》(現在の京都府南部)の町人で、少年時代に出家したが、還俗《げんぞく》して松波庄五郎と名乗った。その後、長井長広《ながひろ》の家臣となった庄五郎は、長井の家臣である西村《にしむら》氏の家名を継いで西村勘九郎《かんくろう》と改名する。

勘九郎は長井長広の主人である土岐頼芸《よりなり》にも気に入られ、頼芸と家督を争っていた兄・頼武《よりたけ》の追放に功を立て、土岐家に深く入り込んだ。そして、自分を世話してくれた長井長広夫妻を殺害して長井家を乗っ取り、さらに土岐家の執事・斎藤利良《としよし》に子供がなかったことから天文《てんぶん》七年(一五三八)にそのあとを継いで、以後、斎藤新九郎利政《しんくろうとしまさ》と名乗る(道三は晩年、入道してからの号である)。

そして、ついには土岐頼芸を攻め、尾張へ追放してしまう。その後、頼芸は尾張の織田信秀《のぶひで》の助けを借りて、越前・朝倉孝景《たかかげ》の庇護《ひご》を受けていた頼武の子・頼純《よりずみ》とともに美濃を攻めるが果たせず、頼純が病死したうえ織田信秀も道三と和睦してしまう。道三は信秀の嫡子・信長《のぶなが》に娘を嫁がせた。

こうして道三は守護代の一家臣の身分から成り上がり、ついに美濃を手中にした。道三の一生は、下剋上が幾重《いくえ》にも絡《から》み合った時代を示している。その経緯の複雑さは、筋を追うのも難しいくらいだ。

そして、最後には嫡男《ちゃくなん》である義龍《よしたつ》に討たれてしまう（弘治《こうじ》二年＝一五五六年）。道三の生涯は、まさに下剋上大名の典型だったと言っていいだろう。

## 細川家と足利将軍家の有為転変

応仁の乱が収束《しゅうそく》したあとも、各地で家督相続をめぐって混乱が続いていた。

近江の佐々木家は鎌倉時代からの有力な家だったが、後鳥羽上皇《ごとばじょうこう》と鎌倉幕府が戦った承久《じょうきゅう》の変（承久三年＝一二二一）後は、京都の六角堂に屋敷を構えた六角家と、同じく京都・京極《きょうごく》の京極家に分かれ、室町以降、近江の覇権をめぐって争っていた。

応仁の乱では六角氏は山名宗全《やまなそうぜん》の西軍に加わり、京極氏は細川勝元《ほそかわかつもと》の東軍について戦う。そして応仁の乱のあとも、六角氏は幕府への反抗的態度が露わだったので、将軍・足利義尚《よしひさ》は威信を守るため、長享《ちょうきょう》元年（一四八七）、管領・細川政元《まさもと》（勝元の子）らとともに六角征伐に乗り出した。ところが、義尚は陣中で死んでしまう。あとを継いで十代将軍となった義稙（義材《よしき》）が再び六角氏を討とうとするが、はかばかしい戦果は得られず、結局、六角征伐を断念した。

義尚が亡くなったとき、管領の細川政元は出家していた義澄を義尚の後継に立てようとしたが、日野富子《ひのとみこ》と畠山政長《はたけやままさなが》の推す義稙が次期の第十代将軍となった。そこで明応《めいおう》二年(一四九三)、政元は義稙と畠山政長が河内《かわち》攻めに出ていた隙《すき》を狙って、義澄を強引に第十一代将軍の座に就けてしまった(明応の政変)。畠山政長は自害し、第十代将軍・義稙は越中《えっちゅう》に亡命した。これで細川政元は管領として政治の実権を握り、幕府の権威は失墜した。

しかし、この細川政元というのがまた変人であった。放浪癖もあったらしい。生涯妻を娶《めと》らず子供がなかったため、澄之《すみゆき》、澄元《すみもと》、高国《たかくに》という三人の養子を迎えた。その澄元と澄之が、これも家督相続をめぐって対立する。その煽りを受けて永正《えいしょう》四年(一五〇七)、政元は澄之を支持する家臣に暗殺されてしまった。結局、細川家は澄之を討った澄元が家督を継ぐが、澄元が若年だったため、家宰の三好之長《みよしゆきなが》が実権をふるうようになった。

この細川家の内紛に乗じて、中国の守護であった大内義興《おおうちよしおき》が畿内《きない》進出を狙い、第十代将軍・義稙を奉じて京に攻め入った。つまり、一度は追われた第十代将軍と第十一代将軍が争う形となった。もう一人の養子である細川高国も義興方について澄元・之長と争ったので、澄元・之長は第十一代将軍・義澄とともに近江に逃げた。

澄元・之長・義澄軍は京都を奪い返そうとたびたび反攻を仕掛け、いったんは勝利を収めたものの、第十一代将軍・義澄が急死したこともあって、ついに第十代将軍・義稙を担《かつ》いだ大内義興が事実上、幕政を支配することとなった。第十代将軍は二度、幕政の中心についたことになるが、こんな例は他に見当たらない。当時の下剋上の世の混乱ぶりが察せられる。

ところが、大内義興は次第に将軍・義稙、細川高国と対立するようになり、領国を出《いで》雲《も》の尼子《あまこ》氏が侵すようになったこともあって、管領代を辞して中国に戻った。大内義興が去ったあと、京都はまた澄元・之長軍に攻め込まれたり、義稙と高国が対立したりするような混乱が続いた。

細川高国は第十代将軍・義稙の代わりに、かつて敵対した第十一代将軍・義澄の遺児・義晴《よしはる》を第十二代将軍に就けた。しかし、その細川高国も最後は家臣に背かれ、また細川澄元の子・細川晴元《はるもと》や三好之長の孫・三好元長《もとなが》に攻め込まれ、京を追われている。

つまり第十代将軍・義稙が廃され、義澄が第十一代将軍となるが、再び第十代将軍・義稙が将軍に復帰したわけだ。その間にも、それを支持する大名たちの家督相続が絡み、その大名の家宰がそこにまた絡むという具合の大変な混乱期であった。

## 朝廷の困窮と吉田社の神道支配

では、朝廷の状況はどうだったか。

明応九年（一五〇〇）、後土御門《ごつちみかど》天皇が亡くなられた。ところが、応仁の乱のせいで朝廷は窮乏し、葬式を出す費用もなかったため、亡くなった九月二十二日から十一月十一日まで、遺体は内裏《だいり》の黒戸《くろど》の御所《ごしょ》にずっと置かれたままであった。

喪中《もちゅう》に後柏原《ごかしわばら》天皇が践祚《せんそ》（皇位継承）される。即位の礼を行うには金が必要だが、寄附が集まらない。但馬《たじま》の山名氏が三千疋《びき》（百疋で一貫）、丹後《たんご》の一色《いっしき》氏から二千疋、越後の上杉氏から五千疋が上っただけである。費用の総額は五十万疋とされるから、儀式ができなかった。幕府や守護大名の財政も、打ち続く戦乱のために逼迫《ひっぱく》していたのである。

管領の細川政元が、朝廷に献金してはどうかと家臣の安富元家《やすとみもといえ》に言ったところ、

「将軍に宮中の位は不要であって、将軍という名前だけで十分です。同様に天皇も即位の礼は全く無用。儀式を行ったところで天皇の重みが増すわけではありません」

と答えたという話があるくらいだ。

幕府や本願寺からの献金によって、ようやく後柏原天皇が即位の礼を行うことができ

たのは、践祚されてから二十二年目のことだった。二十二年間、即位式をするだけの金が集まらなかったことになる。

その次の後奈良《ごなら》天皇が即位の礼を行ったのは践祚から十年後、その次の正親町《おおぎまち》天皇は三年後のことであった。正親町天皇のときは、毛利元就が金を出したと言われている。践祚してから即位の礼が行われるまでの期間がだんだん短くなっているが、これは何を意味するかといえば、大動乱のあと、さすがに地方の大名たちのなかで皇室に対する関心が高まってきて、少しずつ皇室をたてようという気運が起こってきたということだと思う。それをはっきり示してみせ、天下布武《てんかふぶ》をすすめたのが織田信長であったが、これについては後述する。

この混乱の時代に、神道に画期的な出来事が起こった。伊豆卜部《うらべ》家出身の吉田兼倶《よしだかねとも》という人物が頭角を現し、全国の神社を支配するようになったのである。

平安時代に神官・卜部兼延《かねのぶ》が吉田社という神社を預かって以後、卜部家の世襲となり、やがて吉田氏を名乗るようになった。この吉田社は藤原氏の祖先神である天兒屋命《あめのこやねのみこと》を祀《まつ》っているから、春日《かすが》神社と同じく摂関家《せっかんけ》を氏神とする社《やしろ》である。そこで吉田兼倶は自分を「亀卜長上《きぼくちょうじょう》」という位にして「神祇管領長上《じんぎかんりようちょうじょう》」と称し、神祇官の長である白川《しらかわ》家の神祇伯《じんぎはく》よりも自分のほうが根源的な存在であると訴えた。その主張するところは、吉田社では三千一百余座を安置し、諸国の神主に神位・神職の位階を与える権限を持つという。

「藤原鎌足《ふじわらのかまたり》から賜《たまわ》った仏種《ぶつしゅ》があり、神道の秘伝が伝わっている。自分には天下の諸社を管領《かんりょう》する資格がある」と吉田兼倶は言い、文明《ぶんめい》十六年（一四八四）、京の神楽岡《かぐらおか》に全国の神を合祀《ごうし》する大元宮《だいげんぐう》を建てた。将軍・義政の妻の日野富子がその建設を助け、義政、義尚両将軍の信用も得た。また、天下の神社の由来や『日本書紀』などの古い国書について、後土御門天皇に進講をするようになった。

そして、諸国の神社の神主に請《こ》われると、自分の裁量で神階《しんかい》（祭っている神の位《くらい》）を授け、この辞令を「宗源宣旨《そうげんせんじ》」と言い、神主にも勝手に官職を授けて〝何の守〟と称させた。これを「吉田官」と言った。のちになると、吉田家は神道裁許状を出すようになった。さすがに遠慮して、〝何の守〟の「何」は表には使われなかったようである。しかし、これらのことは徳川時代にも公認されていた。

当時、たまたま伊勢神宮の内宮《ないくう》と外宮《げくう》（注1）の神官たちが争って、内宮・外宮ともに兵火で焼けてしまうという事件があった。このとき吉田兼倶は、伊勢神宮のご神体が吉田神社の大元宮の斎場に飛んできたと主張した。その真偽を確かめるため、詔《みことのり》を持って伊勢に使いが行った。伊勢神宮のなかにもそれに応ずる者があって、「たしかにご神体はなくなっています。きっと飛んでいったのでしょう」と答えたという。もちろんご神体など誰も見られるわけがないのだから、のちには信じる者はなくなったのだが。

その地位を奪われたような立場となった伊勢神宮は兼倶を非難するが、後土御門天皇の信用は厚い。伊勢に御幣《ごへい》を贈る使いをやるときにも、出発の儀式は吉田の斎場で行うということが明治まで続いたという。

いまから見れば、吉田兼倶は大変怪しげな人物だったようだ。ところが、当時は世の中が非常に荒れていたから、彼の古代についての知識に反駁《はんばく》するだけの学識のある人間がいなかった。古い神道関係に関する研究においても、彼に匹敵《ひってき》する者がなかった。あとから見ればどうかと思われるところもあるが、その後の神道の研究や古代史の研究は彼から始まったとも言われる。伊勢神宮を乗っ取ったような吉田神社を皇室が支持する。そんな奇妙な現象が起こったのである。

（注１）**内宮と外宮**　伊勢神宮には、天照大神《あまてらすおおみかみ》を祀る皇大神宮《こうたいじんぐう》と、衣食住の神である豊受《とようけ》

大御神《のおおみかみ》を祀る豊受大神宮の二つの御正宮があり、一般に皇大神宮は内宮、豊受大神宮は外宮と呼ばれる。先ず、外宮を参拝してから内宮に参拝するのが正しい方法とされている。

# 第3章 近世を開いた信長

## 「上洛」という思想

混乱の時代が何十年も続くうち、泥沼から蓮の花が咲くように、日本人全体に一段高いレベルの文化が芽生えた。

前章で述べたように、生活に窮した公家《くげ》が地方に散ったこと、禅宗の僧侶たちが各地を回り新しい宗教が広まったことなどが、その理由の一つである。

中央政府、つまり足利《あしかが》幕府はすでに見た如く、九代将軍・義尚《よしひさ》以降はもう名ばかりのようなものだったから、地方の豪族たちには自分たちだけでやっていかなければならないという意識が高まったであろう。加えて、逃げてきた公家などを匿《かくま》ったり養ったりしていたこともあり、だんだん日本というものの中心は何かということを考えるようになったと思われる。

たしかにいままでは将軍という存在が漠然とあったけれども、その将軍がもはや全くあてにならず、崩壊寸前になってしまうと、さらにその奥に不変なものが存在するのではないかということに気づいた。つまり、天皇に対する意識がだんだん高まってきたのである。

したがって戦国も末期になると、上杉謙信《うえすぎけんしん》、織田信長《おだのぶなが》の父・信秀《のぶひで》、毛利元就《もうりもとなり》など、天皇家に寄附したり献金したりする大名が出てくる。そのうち、日本を再統一するためには京都へ出て天皇をバックにして命令しなければならない、それが一番だという明確な意識を持つ武将も生まれてきた。

それを最初に実行しようとした最も有力な大名の一人が、今川義元《いまがわよしもと》だった。今川家はなんといっても足利尊氏《たかうじ》に仕《つか》え、駿河《するが》の守護職を世襲し、幕府の盛んな頃は関東管領《かんれい》監視の役も務めた名門であり、足利将軍家ともきわめて近い関係にある。しかも駿遠三《すんえんさん》（駿河・遠江《とおとうみ》・三河《みかわ》）百万石の大大名《だいだいみょう》である。その今川義元が、自分こそ血筋から言っても実力から言っても、上洛《じょうらく》してこの乱れた世の中を建て直す人間であると考えた。義元は流れてくる公家たちを優遇していたから、その意識は初めから十分あったように思われる。

ところが、京へ上るといってもその途中がある。今川家の場合、すぐ隣りは尾張《おわり》であった。尾張は織田家の領地だ。その織田家と今川家とは、織田信秀の代から戦闘状態にあった。初めのうちは今川義元もまだ本気で尾張に攻め込むつもりはなく、要するに地域限定戦だったのだが、その当時は織田家が優勢だった。そこで、十分力をつけてから一気に上洛しようと義元は考えた。そこに立ちはだかったのが、信秀の嫡男《ちゃくなん》・織田信長であった。

隣国の信長には、もちろん義元が何をやろうとしているかわかっていた。そして、やはり義元と同じ理念を抱いた。

信長が戦ってきた足跡を辿ると、「大戦略」と「地域戦略」とに分けて考えることができるように思う。「大戦略」とは義元と同様、京都へ上って全国に命令を発しなければいけないということである。その大戦略を信長は一生見失うことはなかったが、そのために彼はずいぶん我慢して、一時的にはその実現に背《そむ》くような、その大戦略に反するような行動に出たりもしている。それが信長の基本的なストラテジーだった。信長が戦った無数の戦いは大戦略ではなく、みな地域戦略、つまり地域ごとの戦術、タクティクスの戦いだったともいえる。ただ、それらの個々の戦いもすべて彼の「大戦略」と絡めて考えると、その意味がわかってくるのである。

信長をもって、たしかに日本は新しい時代に入る。そこでまず、信長の出自《しゅつじ》から見てみよう。

## 皇室尊重派だった織田家

もともと織田氏は、管領家・斯波《しば》氏の家臣であった。室町幕府の管領となった越前《えちぜん》守護の斯波義将《よしまさ》の守護代は朝倉《あさくら》氏だったが、義将の子で尾張の守護に任ぜられた斯波義重《よししげ》の守護代となったのは織田家だった。

その後、応仁《おうにん》の乱における斯波氏の内紛によって生じた混乱のなかで、織田氏も敏定《としさだ》の大和守《やまとのかみ》家（清洲《きよす》織田氏）と敏広《としひろ》の伊勢守《いせのかみ》家（岩倉《いわくら》織田氏）に分裂した。さらに、この織田大和守家に仕える清洲三奉行と呼ばれる家系があった。織田因幡守《いなばのかみ》、織田藤左衛門《とうざえもん》、織田弾正忠《だんじょうちゅう》という三家である。信長は、この弾正忠家の信秀の嫡男として生まれている。祖父・信定《のぶさだ》の代から清洲織田氏という主家《しゅか》を凌ぐ力をつけ始めたのだが、この信定は、津島という港町の有力な商人に娘を嫁がせたと言われている。当時の武将としては珍しいことであったが、このことが織田家の財力の基盤ともなった。信長の祖父からして、すでに新しい発想を持っていたのである。

信長の父・織田信秀は、今川義元と国境で戦いを重ねていた。とくに小豆坂《あずきざか》の戦いの勝利が有名である。

しかし、織田家の背後には美濃《みの》の斎藤道三《さいとうどうさん》という油断のならない人間がいる。それに接して朝倉氏もいるし、三河には松平氏《まつだいら》もいる。そういう状況にありながらも信秀はよく戦い、かつ天文《てんぶん》十二年（一五四三）には後奈良《ごなら》天皇の屋敷の修復代として四千貫を朝廷に献上している。その返礼として、後奈良天皇は旅に出る連歌師《れんがし》・宗牧《そうぼく》に礼状と『古今集《こきんしゅう》』の一部を託した。宗牧が信秀を訪ねると、信秀はちょうど斎藤道三と戦い、大敗して帰ってきたところだった。宗牧は「まずい時に来た」と思ったが、信秀は一向に動ずることなく宗牧を丁重に接待して、「戦いに勝ったらまた寄附しましょう」と、いたって明るい表情で言ったと宗牧は書き遺している。

これは非常に不思議なことである。当時の武将で、戦場から負けて帰って来てそれでも明るくいられるというのは、なかなかできることではない。これはおそらく、織田信秀には津島の商家とも繋がりがあり、土地からの年貢だけではない商業的な財力もあったから、すぐにまた兵隊を集めて戦争ができるという余裕のなせる業《わざ》だと思う。

伊勢神宮の建て替えのときには、内宮《ないくう》には六角《ろっかく》家が寄附し、外宮《げくう》には織田家（信秀）がお金と材木を出しているから、信長の父の代から当時としては突出した皇室尊重派であったことはたしかである。

## 「大うつけ」の家督相続と尾張統一

信長は十六、七歳の頃から武術に励み、兵法の研究、鉄砲、弓、槍術《そうじゅつ》（しかも長い槍を使うという考え方である）に熱心だった。さらに馬が好きで、馬に乗って川を渡る水馬《すいば》をよくした。

ただ、若い頃は非常に変わり者で「尾張の大うつけ（大馬鹿）」と呼ばれ、周囲を心配させたと言われている。とくに父親の葬式のとき、仏壇に向かって香《こう》を摑《つか》んで投げたとか、いろいろな奇行が伝えられている。

隣国・美濃の道三の娘・濃姫《のうひめ》を嫁にもらう際、道三との会見の場に臨む信長のいでたちもとびきり変わったものだったという。笑う人は笑ったが、道三だけはその器量を見抜き、いずれ自分の息子が織田家の門外に馬を繋ぐ、すなわち降参する時がやがて来るのではないかと言ったといわれている。

あまりに奇行が過ぎるので、お守役の平手政秀《ひらてまさひで》が信長を諫《いさ》めるために切腹し、それから謹直になったという話はよく知られている。信長は政秀を弔《とむら》うため、沢彦《たくげん》という坊さんを開山として政秀寺《せいしゅうじ》を建てた。

この沢彦和尚が信長に与えた精神的影響は大きかったように思う。信長が十三歳で元服《げんぷく》したとき、沢彦が「桑」の字の反切《はんせつ》となる「信長」という名前をつけた。反切というのは、漢字二つで一字の発音を示すシナのやり方である。「桑《そう》」の字の音《おん》だから「s」で始まる漢字と「o」で終わる漢字をくっつける。だからその反切を用いて「信長《シンチョウ》」とした。

そこで信秀が「桑は蚕《かいこ》に食べられるものだが、それがなぜめでたいのか」と尋ねると、

「桑の古字を分解すると四十八になり（注1）、これは縁起のいい数字と言われている

し、扶桑《ふそう》というのは日本のことでもあるから、天下を取る名前であります」

と沢彦が言ったので、信秀も大喜びしたという。

のちに信長が井《い》ノ口《くち》の稲葉山城《いなばやまじょう》を取った時に沢彦が、周《しゅう》の文王《ぶんおう》が出た「岐山《きざん》」と孔子が生まれた「曲阜《きょくふ》」を合わせて井ノ口を「岐阜《ぎふ》」という名に改めさせたという話も有名である。朱印に「天下布武《てんかふぶ》」の文字を選んだのも沢彦和尚だと言われている。

だが、信長よりも弟・信行《のぶゆき》（信勝《のぶかつ》）のほうが礼儀正しくもあり、母親もかわいがっていたので、両者の間で家督争いが起こる。そういうこともあって、天文二十一年（一五五二）から永禄《えいろく》二年（一五五九）までの間に信長は、一族の少しでもめぼしい存在は兄弟、親類を悉《ことごと》く潰してしまう。こうして信長は織田家のあとを継ぎ、尾張を統一した。かく

して今川義元との決戦となる。

（注１）**桑の古字を分解すると四十八**　「桑」の「又」の部分を俗字では「十」と略して「桒」と書くので、「十」が四、それに下の十に「八」がついて（「木」）いるから四十八となる。

## 情報を重視した信長の知略

信長は天文十三年（一五四四）にも今川義元と戦ったことがあって、そのときは暴風を突いて戦場に駆けつけ、義元軍を退かせている。ここまでは国境線をめぐる戦いにすぎなかったが、永禄三年（一五六〇）、義元はいよいよ本気で上洛を目指し、二万と言われる大軍を動員して尾張に侵攻した。そして有名な「桶狭間《おけはざま》の戦い」が起こる。

今川家は元来、名家であって中央とも関係があったが、とくに太原雪斎《たいげんせっさい》という偉い僧侶が義元の先生としてついていて、雪斎は頻繁に上洛していたため京都の情報に詳しく、公家とも交わっていたから、義元に天下征服のイメージを与えるのに役立ったのではないだろうか。

二万の今川軍を迎え撃つ織田勢は、十分の一の二千前後。このとき、織田側ではしきりに軍議が行われ、さまざまな意見が出て籠城《ろうじょう》したほうがいいという者もいた。しかし、信長は何も言わなかった。

今川軍の先陣を務めた松平元康《もとやす》（のちの徳川家康、煩《はん》を避けるため、これ以降は家康と呼ぶ）は織田の丸根砦《まるねとりで》を落として、食糧を今川方の大高城《おおだかじょう》に入れた。同じく先鋒《せんぽう》の朝比奈《あさひな》泰朝《やすとも》は鷲津砦《わしづとりで》を落とす。この報告を聞いて、今川義元は謡曲《ようきょく》「三番」を謡《うた》って喜んだと言われている。五月十九日のことであった。

その前夜、十八日に、信長の居城・清洲城で軍議が開かれたが、信長は世間話ばかりに終始し、戦の話は何もしないまま解散ということになった。織田家の武将たちは「こういう緊急時になると知恵も曇ってしまうらしい。家が滅びる時はこういうものか」と嘆きながら、とぼとぼと引き揚げた。

ところが、十九日に丸根・鷲津砦が落ちていると聞くと信長はスックと立ち上がって、幸若舞《こうわかまい》「敦盛《あつもり》」を舞った。「人間五十年、下天《げてん》のうちを比ぶれば夢幻《ゆめまぼろし》のごとくなり。一度《ひとたび》生を享《う》け、滅《めっ》せぬもののあるべきか」と謡うや、「皆の者、続け」といきなり飛び出して行った。すぐについていった者は、旗本《はたもと》の五騎にすぎなかったという。

信長は死に直面した歌が好きだった。「死のうは一定《いちじょう》　忍び草　忍び草には何をしよ

ぞ一定　語り起こすよの」という小唄も好んだという。意味は、「死ぬことはいずれにせよ避けられない。その思い出に何をしようか。決まっているではないか。後々語られるような話を残すのだ」。

要するに、「勇ましく死んだ」と語られればいいではないかという武将の気概である。『万葉集《まんようしゅう》』の山上憶良《やまのうえのおくら》の歌「士《をのこ》やも　空《むな》しかるべき万代《よろづよ》に　語り継《つ》ぐべき名は立てずして」と一脈通ずる武人の歌と言えるだろう。

五騎のみを引き連れて出て行った信長のあとに続々と兵が続き、およそ二千人が熱田《あつた》神宮《じんぐう》に集まって戦勝祈願を行った。このときに奥の方で鎧《よろい》の音がしたとか、戦勝を確約する言葉が聞こえたなどというのはあとからの作り話かもしれないが、信長のことだから、予《あらかじ》め準備して神官に鎧の音をたてさせるくらいのことはした可能性もある。

信長が熱田神宮から善照寺《ぜんしょうじ》の砦に向かうと、善照寺にいた兵は「殿様が来る！」というので奮《ふる》い立ち、大高城を攻撃したものの多くは討ち死にした。その報告を聞いて、義元はまた謡《うたい》をうたったと言われている。

信長は善照寺砦からさらに中島砦《なかしまとりで》に出ようとするが、家臣たちは「中島砦までの道は両側が深田《ふかた》だから、一騎ずつ縦隊《じゅうたい》でしか進めません。しかも、桶狭間山の今川方からはこちらの軍勢がいかに少ないかが丸見えです」と必死になって止めた。にもかかわらず、信長は「かまわん」とばかり打って出る。そして、「みんな今日こそ命をくれ。首などとらず、斬り捨てよ。目指すは義元のみ。他の者には目をくれるな。さあ続け」と突っ込んだ。

ここが、信長の発想が並の武将と違うところである。敵から丸見えだということは、それだけ敵に近づいたということである。中島砦から桶狭間までは四キロ足らずであった。前述したように、信長は若い時から馬が好きで尾張中を駆け巡っていたから、中島砦から桶狭間までの四キロを馬で走れば十数分くらいで行けることがわかっていた。

さらに、こちらは小勢《こぜい》だから戦場では戦うつもりはなかった。戦場で二千人が二万人と団子になって戦えば一〇〇パーセント負ける。しかし、敵が進軍中のところに突っ込んで行けば、紐状に伸びた状態の敵を横から襲う形で戦える。戦場に出ている今川の軍勢が攻撃されている義元の本営を助けに行こうとしても、十数分で戻ってこられるわけがない。

しかも予想しなかったことに急に雷鳴が轟《とどろ》き、風雨が激しくなって、さらに織田軍の後ろから吹いてくれた。これは計算外だったが、いかにも好都合だった。そして、いざ斬り込んでみると、義元の周囲には五百騎くらいしかいなかった。義元は馬ではなく輿《こし》に乗って引き揚げようとしていた。そこに、いきなり二千騎の織田軍が突っ込んできた。今川軍のなかでそのとき、実際に戦えるのは二百騎くらいだったから、戦力は逆に十対一となった。信長は見事、義元を討ち取った。

不思議なことに、明治時代に出た参謀本部の『日本の戦史』では、山伝《やまづた》いに迂回《うかい》して攻撃したということになっている。しかし、『信長公記《しんちょうこうき》』を書いた太田牛一《おおたぎゅういち》が、まっすぐに突っ込んだとはっきり書いている。太田牛一は信長の謡曲を聞き、信長に命がけでついていった五騎のなかの一騎だったのだから、あの大事件についての記憶違いがあるはずはない。やはり、善照寺砦から中島砦に行って、桶狭間から兵隊が少ないのが見えるくらいの近距離を一挙に突っ込んだとしか解釈してはいけないものだと思う。

実際に今川義元を討ち取ったのは、毛利新助《しんすけ》（良勝《よしかつ》）、服部小平太《はっとりこへいた》（一忠《かずただ》）の二人であった。小平太が槍で刺し、毛利新助が首をとった。当時の概念で言えば、百万石の大名の首を取ったのだから、これは最高の手柄である。

ところがおもしろいのは、信長が与えた論功行賞《ろんこうこうしょう》は彼らが一番ではなかったことだ。恩賞第一等は、敵がいつ何処にいるか、その情報を的確に伝えた野武士上がりの家来、築田政綱《やなだまさつな》であった。これは実に素晴らしい考え方である。信長にしてみれば、「これは俺が考えた戦いだ」と言いたかったのであろう。自分が考えたとおりにやれば、義元の首は必ず誰かが取る。だから、一番重要なのはいつ何処に義元がいるか、という情報である。その情報の価値を一番に認め、百万石の大名の首を取った者に対するよりも高い褒賞を与えたのは画期的なことだった。昭和の日本軍にそういうセンスがあれば……と言いたくなるくらいである。

## 信長と義昭

信長は、いよいよ自分が京都に出る番だと考えた。そのためには背後の守りが重要である。そこで清洲で徳川家康と会見し、家康と同盟（清洲同盟）を結ぶ。家康は義元のあとを継いだ今川氏真《うじざね》と断交した。信長と家康のこの同盟は、戦国時代には例のないほど堅固《けんご》なものでその後、約二十年間、一度も崩れなかった。これはめざましいことである。信長は策謀の多い人間だったし、家康も後年、〝狸爺《たぬきじじい》〟と言われた人物なのにもかかわらず、この織田・徳川同盟だけは最後まで完全に機能した。

これはお互いに有利だったからだと思う。信長にしてみれば、自分の後ろに家康という人間がいてくれれば、今川やその背後の北条《ほうじょう》も牽制《けんせい》できるから非常にありがたい。一方の家康にしてみれば、信長と同盟を結んでいれば今川を好きなようにできる。利益が一致したわけである。だがそれだけでなく、信長・家康の二人は奇妙に気が合うところがあったのではないだろうか。

信長が京都へ出るには、さらにいろいろな政策が必要だった。永禄七年（一五六四）には浅井長政《あざいながまさ》に自分の妹、美人で名高いお市《いち》をやって同盟を結ぶ。また武田信玄《たけだしんげん》に対しては、その息子・勝頼《かつより》に自分の養女を嫁がせて友好関係を築く。浅井も武田もいずれも美濃に接しているから、美濃の斎藤と戦う時のために布石を打っておいたのである。

その頃、都のほうでは三好《みよし》三党（三好三人衆ともいう。三好長逸《ながやす》、三好政康《まさやす》、岩成友通《いわなりともみち》）と松永久秀《まつながひさひで》が、第十三代将軍・義輝《よしてる》を暗殺し、義輝の従弟《いとこ》・義栄《よしひで》を擁立した。

これに対して幕臣の細川幽斎《ほそかわゆうさい》（藤孝《ふじたか》）は、義輝の弟で僧籍にあった一乗院覚慶《いちじょういんかくけい》を還俗《げんぞく》させて後継に立てる。これがのちの足利義昭《よしあき》である。当初、義昭は若狭《わかさ》へ下るが、ここも国内が不安定なので越前の朝倉義景《よしかげ》を頼り、義景に自分を担《かつ》いで京へ出るように要請するのだが、義景は動かない。

さて、周囲と話をつけた信長は美濃の斎藤龍興《たつおき》と戦って大変苦労するが、木下藤吉郎《きのしたとうきちろう》

（のちの秀吉）が墨俣城《すのまたじょう》をつくったあたりから攻勢に転じ、ついに美濃を征服する。それから伊勢征伐にとりかかった。当時の伊勢の最大勢力であった北畠具教《きたばたけとものり》は、京都に上る道筋にある南近江《みなみおうみ》の六角家と連動していたから、挟み撃ちにならないようにとの配慮である。三男の織田信孝《のぶたか》を北伊勢の神戸《かんべ》家の養子にして神戸具盛《ともも り》と和睦し、同じく伊勢の長野《ながの》家には弟の信包《のぶかね》を養子として送り込む。伊勢全体を家臣の滝川一益《たきがわかずます》に任せ、後顧《こうこ》の憂《うれ》いを絶った信長は近江に進んだ。

足利義昭は、朝倉が全然動かないものだから、朝倉家の家臣であった明智光秀《あけちみつひで》の仲介によって信長に接近した。信長は、義昭を第十五代将軍に奉じて上洛する。信長の堂々たる大軍を見て、京都を制圧していた三好三党は逃げてしまい、傀儡《かいらい》にすぎなかった三好家の当主・三好義継《よしつぐ》と、その重臣の松永久秀は降参する。信長が京に入った時には「鬼のようなやつらが来る」と逃げ出す市民もいたらしいが、軍規厳正だったために称賛を浴び、信長は僅か十数日で畿内《きない》をほとんど収拾してしまった。降参してきた畠山高《たか》政《まさ》と三好義継には河内《かわち》を、松永久秀には大和を与えた。

義昭は征夷大将軍従三位下《せいいたいしょうぐんじゅさんみげ》に任じられた。第十五代将軍となった義昭は信長に非常に感謝して、信長を管領職・副将軍にしようとしたが、信長は断った。信長はもっと先のことを考えていた。いまそんな地位を受けたら、将軍の下になってしまう。だが、義昭にはそれがわからない。だから、「御父、織田弾正忠殿」などという宛名で信長に対して感状《かんじょう》を書いている。

信長は将軍をたてておく必要があるから、幕府のために豪華な二条城《にじょうじょう》を建ててやった。築城を十三カ国に命じ、信長自身が督励《とくれい》したと言われる。旧管領の細川家にあった大きな藤戸石《ふじといし》という名石を綾錦《あやにしき》で包んで花で飾り、太い綱をつけて笛や太鼓で調子をつけながら大勢で引っ張り、あっという間に二条城まで運んだ。秀吉が大坂城を建てたときや、加藤清正《かとうきよまさ》が名古屋城の天守台石垣を築いたときにも同じようなことをしたが、そのもとになったのが、この信長の大石運びの一大デモンストレーションであった。

## 英雄たちの動きと足利幕府の崩壊

信長の上洛後も、各地の武将たちの動きは続いていた。

今川義元のあとを継いだ息子の氏真はまったく愚か者で、日夜、宴会をして騒いでいた。そこで、武田信玄が駿河に侵攻を開始した。信玄は父・信虎《のぶとら》を追い出したという説が一般的だが、どうも怪しいのは、信虎が自分の娘（信玄の姉）を嫁がせた駿河の今川義元の庇護《ひご》を受けていることだ。信虎は義元の死後、今川に内応者を集めて信玄の駿河侵入を助けたのではないかとも思われる。

信玄の駿河侵攻に呼応して、家康も兵を挙げた。今川と同盟関係にあった小田原の北条氏が武田に対抗するが、今川氏真はあっけなく倒れ、大井川を境に東の駿河は武田、西の遠江は徳川の領地となった。家康は遠江を取って、三河の岡崎から遠江の浜松に本拠を移す。

北条家は信玄と対抗するため、上杉謙信に氏康《うじやす》の七男・竹王丸《たけおうまる》（のちの上杉景虎《かげとら》）を養子として差し出し、謙信と同盟を結んだ。ところが、氏康からすると謙信はあまり役に立たなかったようだ。氏康は、「謙信は頼りにならぬから信玄と仲よくせよ」と遺言《ゆいごん》している。息子の氏政《うじまさ》も父親と同じように、「謙信頼むに足らず」と言って信玄との同盟を復活させた。謙信といえば非常に義理がたい正義漢のようなイメージがあるが、北条家から見ると二代にわたって「ダメな男」という折り紙を付けられたことになる。

こうして東では北条氏康（その死後は氏政）、謙信、信玄という三人がお互いを牽制していた。これが信長にとっては幸いだった。ちなみに、氏康は虎、信玄は龍、謙信は獅子を自分の印《いん》にあしらっていた。三者の性格はそのハンコでわかるという。

一方、西は毛利元就が長府《ちょうふ》にいて、豊前《ぶぜん》、筑後《ちくご》、筑前《ちくぜん》、石見《いわみ》、出雲《いずも》などの戦場の総指揮をとっていた。しかし、九州の豊後《ぶんご》を本拠とする大友《おおとも》氏が出雲の尼子《あまこ》氏を支持したので、九州にも兵を出している毛利にとっては厄介なことになった。それで、朝廷・幕府の命令を借りて大友家と和を結ぼうということになってその斡旋《あっせん》を信長に頼み、その縁で信長とはよい関係になる。

そのうち、義昭と信長の仲が悪化した。義昭は自分が権力者であるという気でいるからいろいろな命令を出すのだが、信長はそれを嫌い、義昭の権限を制約した「殿中御《でんちゅうおん》掟《おきて》」というものを突きつけて、政権はすべて自分の手にあることを認めさせた。すると、義昭は陰謀家の本性を露わにして浅井・朝倉に通じ、義昭も自ら兵を率いて近江の今堅《いまかた》田《た》城《じょう》、石山《いしやま》城《じょう》や山城の槇島《まきしま》城《じょう》で挙兵したりしたが、結局、義昭は自分の息子の義尋《ぎじん》を人質として差し出し、降伏した。信長は、義昭を京都から追放してしまう。これで事実上、足利幕府は滅亡したことになる。

## 信長とヘンリー八世による中世破壊

叛乱《はんらん》を起こした義昭を追放すると、信長は公家や朝廷に働きかけて元号を「天正《てんしょう》」と変えた（一五七三年）。これは『文選《もんぜん》』（注1）からとった言葉で、この改元《かいげん》が足利時代の終わりを象徴する。

しかし改元前の元亀《げんき》元年（一五七〇）の時点では、三好の残党が四国の阿波《あわ》にいて、大坂の石山本願寺と連合して反信長勢力となっていた。信長は京都御所再建の名目で本願寺に金を要求し、そのうえ本願寺の立地がいいので立ち退いて土地を譲るように申し入れている。本願寺は、金は出したが立ち退きは拒否した。それで両者の関係は険悪になっていた。追われた将軍・義昭も本願寺に接近する。

北の反信長勢力である近江の浅井長政、越前の朝倉義景の連合軍は京都に入り、比叡《ひえい》山延暦寺《ざんえんりやくじ》に立て籠もった。信長は比叡山に対し、浅井・朝倉の引き渡しを要求するが、比叡山は断固として拒絶した。しかも六角義賢《よしかた》も甲賀《こうが》から兵を挙げる。さらに本願寺門徒衆が近江の通路を塞《ふさ》いで、信長の本拠地・尾張との交通を断ってしまった。伊勢長島《いせながしま》の一向一揆《いっこういっき》によって、信長の弟・信興《のぶおき》も殺されてしまう。信長は非常に危ない状況にあった。

そこで信長は正親町《おおぎまち》天皇に勅命を出してもらって浅井・朝倉、義昭、本願寺といったん講和を結び、危機を乗り切る。皇室を大切にしていたことが、こんな危急《ききゅう》の時に役立ったのである。

しかし翌年、信長は浅井長政の居城となっていた小谷城《おだにじょう》を攻め、次いで有名な「比叡山焼き討ち」を行う。信長は比叡山の建物すべてを焼き払い、女性や子供まで皆殺しにしたと言われている。比叡山には、いまも古文書が残っていないそうだ。

比叡山焼き討ちは空前の出来事だった。これには賛否両論があるが、江戸中期の儒学者・新井白石《あらいはくせき》などは『読史余論《とくしよろん》』で、「比叡山の兇悪《きょうあく》を除いたのは大きな功績であった」と評価している。

世界史的に見て私が面白いと思うのは、ユーラシア大陸の東の果ての島国である日本と、西の外れの島国イギリスが、ほぼ同じ時期に徹底的な中世破壊を行っていることだ。信長は中世のシンボルである比叡山を焼き討ちしたが、イギリスではヘンリー八世が中世以来のカトリックの大修道院を悉く破壊して、いわゆる宗教改革を行っている。同じ頃に同じようなことが起こり、それで日本でもイギリスでも中世が終わった。日本の朝廷における比叡山、イギリスの王室におけるカトリック教会という中世の権威の象徴が完全に破壊されたわけだ。イギリスはヘンリー八世、日本では信長をもって近代が始まった。二人は十年以上、生きていた時間が重なるのである。

天正元年（一五七三）、信長は続けて浅井・朝倉を討ったが、越前の一向宗徒が蜂起《ほうき》して信長に降《くだ》った朝倉の一族の者を滅ぼし、越前は本願寺一向宗徒に占領された。そこで信長は大軍を越前に送り込み、比叡山同様、徹底的な殺戮《さつりく》を行った。一揆衆一万二千五百五十人が殺されたという。こうして、さしもの一向一揆も終焉《しゅうえん》を迎えた。

（注1）**文選**　シナ南北朝《なんぼくちょう》時代に南朝梁《りょう》の皇太子・昭明太子《しょうめいたいし》が編纂《へんさん》した詩文集。六世紀前半に成立。周の時代から一千年間のすぐれた詩・文章をジャンル別に収録している。

## 軍事の天才信長、武田を滅ぼす

それに先だつ元亀三年（一五七二）十月、信長が最も恐れていた武田信玄が本格的に上洛を始めた。まず、その攻撃を受けたのは徳川家康であった。信長は上杉謙信と結んで家康を助けることにしたが、織田・徳川連合軍は三方ヶ原《みかたがはら》の戦いで惨敗する。ところが、天下を取るほどの人物は幸運にも恵まれている。翌天正元年（一五七三）、進軍の途中で信玄が病死した。

背後の脅威がなくなった信長は、安心して足利義昭の将軍職を取り上げる詔勅《しょうちょく》を出してもらい、その後すぐに浅井・朝倉を討って危機を脱した。ところが、信玄の遺志を継いだ勝頼率いる武田軍は天正三年（一五七五）、再び京都をめざして進攻を開始した。そして三河国・長篠城《ながしのじょう》を包囲した武田勝頼軍と織田・徳川連合軍が衝突する。画期的な戦いとして知られる「長篠の戦い」である。

勝頼を支えていたのは、武田四天王と呼ばれた信玄以来の名将である馬場信房《ばばのぶふさ》、山縣《やまがた》昌景《まさかげ》、内藤昌豊《ないとうまさとよ》、高坂昌信《こうさかまさのぶ》だったが、高坂は上杉に備えて甲州に留まっていた。武田家から徳川方へ寝返った奥平貞昌《おくだいらさだまさ》（信昌《のぶまさ》）の守る長篠城が落城寸前まで追い詰められたところへ織田・徳川連合軍が到着し、長篠城手前の設楽原《したらがはら》に陣を敷いた。馬場、山縣、内藤は信長率いる大軍に対していったん引き下がることを進言したが、勝頼は決戦を選び、長篠城を二千人で囲ませておいて、二万の軍隊を十三隊に分けて設楽原に進んだ。

その決戦前に、お馴染みの〝天下のご意見番〟大久保彦左衛門《おおくぼひこざえもん》の講談に必ず出てくる鳶巣文殊山《とびのすもんじゅやま》の合戦があった。勝頼の叔父《おじ》・武田信実《のぶざね》が、長篠城攻撃のために築いた鳶巣山砦を守っていた。徳川の家臣・酒井忠次《さかいただつぐ》は、これを夜のうちにとってしまい、敵の後方を脅《おびや》かそうとして見事、成功した。徳川三代将軍・家光《いえみつ》のご意見番と称された大久保彦左衛門が初陣を飾ったのが、この合戦だったというわけだ。

長篠の戦いで最も画期的だったのは、馬防柵《ばぼうさく》を築いたことだった。その後ろに数千の鉄砲隊を置いて、次から次へ撃てるような工夫をしたのである。しかも馬防柵との間にスペースがあって、そこから槍隊がいつでも飛び出せるようにした。この攻撃を受けて、馬場、山縣、内藤をはじめ武田のおもだった武将は全員、戦死した。武田軍は総崩れとなり、勝頼は甲斐《かい》に逃げ戻った。

信長が考えたこの作戦は、非常に画期的かつ近代的なものである。馬防柵で敵を抑えながら一斉射撃を行ったのは、西洋ではハプスブルクの軍隊がオスマントルコ軍を破ったときが最初だった。これは一六九一年、つまり長篠の戦いから百十六年後のことである。信長の戦術は、鉄砲の本場であるヨーロッパより一世紀以上も先んじていた。まさに天才であった。

この信長の作戦は、かつて秀吉が洲股《すのまた》(墨俣)で美濃斎藤氏の襲撃を挫《くじ》いた戦法にヒントを得たのではないかと言われる。そうだとすれば、秀吉は信長の弟子だったばかりでなく、先生でもあったことになる。

武田軍に圧勝した信長にとって、次なる脅威は上杉謙信だった。そこで、長篠の戦いの翌天正四年(一五七六)、信長は丹羽長秀《にわながひで》を普請奉行《ふしんぶぎょう》として、近江に七層の天守閣を持つ壮大な安土城《あづちじょう》を築く。これは、信長がその威風を天下に示すという意味もあったと思うが、むしろ謙信への備えというのが本来の目的ではなかったかと思う。城というのはなかなか落ちないものである。小さな城でも、要害であれば三年ぐらい持つ。小田原城は、信玄も謙信も結局落とせずに撤退した。謙信軍の弱点は、ロジスティックス（兵站《へいたん》）と越後《えちご》の冬の雪にあると信長は見た。堅固な城を築けば、謙信が攻めてきても必ず引き揚げざるを得ないと考えたのである。

ところが天正六年（一五七八）、関東から西に攻めのぼり、信長と決戦するつもりでいた謙信は、出陣の直前に急死してしまう。

信長が軍事的にすぐれていたと思うのは天才的な閃《ひら》きだけでなく、状況を見極めて、じっくり構える必要があるときはけっして慌てなかったことだ。たとえば長篠の戦いで勝利したときもいったん引き揚げ、急がずゆっくりと武田を攻めた。

勝頼はしょっちゅう兵を出しては戦争をしていたが、決定的な勝利というものがなく、たいして意味のない消耗戦を繰り返していたにすぎない。そのうち、武田四天王の最後の一人、高坂昌信《こうさかまさのぶ》も死に、信長の武田征伐が始まると諸将は次々と織田・徳川方に降参し、最後は重臣・小山田信茂《おやまだのぶしげ》に裏切られて勝頼は天目山《てんもくざん》に逃げ、そこで自害した。北条家から迎えた妻（名は不明）と長男・信勝《のぶかつ》も、勝頼とともに死を選んだ。信勝は自害直前に元服式を行ったという。武田氏もついに滅びた。

この悲惨な武田家の最期の美談として残されているのは、小田原城主・北条氏康の娘で、勝頼に嫁いだ女性である。負《ま》け戦《いくさ》になってから勝頼もその家来も、彼女に実家の小田原城に帰ることを勧めたが、「夫とともに果てることこそわが願い」と言って最後まで勝頼についていった。

天目山の近くで勝頼が自刃《じじん》するとき、妻の自刃の介錯《かいしやく》を命じられたのは土屋昌恒《つちやまさつね》であった。彼女の辞世《じせい》の歌「黒髪の　乱れたる世ぞ　果てしなき　思ひに消ゆる露の玉の緒」は、切った髪とともに乳母《うば》によって小田原城に届けられた。武田家の重臣たちが続々と寝返ったなかで、武人の妻として見事な姿を見せた二十歳の若い女性がいたのである。

後世の文献では、同情による誇張もあろうが、「楊貴妃《ようきひ》、衣通姫《そとおりひめ》、吉祥天女《きつしようてんによ》もこれほど艶美《えんび》ではなかったろう」と記されている。

## 秀才・光秀の心のうち

信長はほぼ天下を平定した。安土の城はまさに天下を睥睨《へいげい》するような感じだったであろう。残った大敵は中国の毛利だけだった。羽柴秀吉《はしばひでよし》が毛利征伐に向かい、清水宗治《しみずむねはる》の守る備中高松城《びっちゅうたかまつじょう》を攻めた。そこへ毛利輝元《てるもと》をはじめとする毛利側の援軍が駆けつける。秀吉を援《たす》けるため、信長の命令で明智光秀が出陣するのだが、ご承知のように光秀は進軍の途中で京都に向きを変え、本能寺《ほんのうじ》の信長を討つ。

光秀が謀反《むほん》を起こした理由については、いろいろなことが言われている。一番一般的な説は、家康が上京する際の接待役に任ぜられたものの、「魚が腐りかけている」と信長の怒りを買い、急遽《きゅうきょ》、堀秀政《ほりひでまさ》に代えられてしまい、光秀は面目を失ったというものである。

しかし私は、信長の家来は誰もが不安を抱えていたのではないかと思う。

信長は執念深く、家臣への怒りが突然甦《よみがえ》ってくることがあった。たとえば、三方ヶ原で家康の援護に赴《おもむ》きながらほとんど戦わずして退却した佐久間信盛《さくまのぶもり》を、それから八年後に突然叱責《しっせき》し、嫡男・信栄《のぶひで》とともに高野山《こうやさん》に追放した。時を同じくして林通勝《はやしみちかつ》（秀貞《ひでさだ》）、安藤守就《あんどうもりなり》・尚就《ひさなり》父子、丹波右近《たんばうこん》なども追放されているが、林通勝に対しては二十六年も前に父・信秀の後継に弟の信行を推したことを突然、思い出して腹を立てたというのだからたまらない。光秀は、自分もいずれ同じ目に遭うのではないかと心配していた節《ふし》がである。

甲府征伐のとき、光秀は上諏訪《かみすわ》で信長の折檻《せっかん》を受けている。光秀が武田家征伐成功の祝いの言葉を述べ、「われわれも働きがいがございました」というようなことを言った途端、信長が「働きがいがあったとは何ごとだ。おまえがいつ働いた」と烈火の如く怒って光秀を打擲《ちょうちゃく》したという。信長にしてみれば、すべて自分の作戦計画で勝っているのだから「何を生意気な」ということになる。この話が本当だとすれば、この〝失言〟が一番問題だったと思う。

信長は頭がいい。光秀もいい。しかし、光秀のほうが学問があった。信長を天才だとすれば、光秀は秀才型だった。おそらく、信長はそれが癇《かん》に障《さわ》ったのかもしれない。しかし、それもひとつの推測にすぎない。

もう一つ、本能寺の変のとき、秀吉は中国にいた。ほかの主な武将も関東、北陸に散っている。京都の信長には身の回りの者しかいない。自分は大軍を率いている。いまならやれるという状況は、当時の武将にとっては非常に魅力的だったとも言える。しかしそれも憶測の域を出ず、光秀の本当の気持ちはわからない。

ただ、光秀が娘婿の細川忠興《ほそかわただおき》に宛てた手紙が残っている。「自分がこのようなことをしたのも忠興のためである。自分はそのうち引っこんで、あとを忠興とガラシャ（光秀の娘）の子供、すなわち自分の孫に任せたい」という主旨である。いろいろ言われるけれども、光秀の謀反がそう前々から計画されていたものではないことは、予め手を回すこともせず、あてにした武将が誰もついてこなかったことからもわかる。最も信頼していた細川忠興もその父・幽斎《ゆうさい》（藤孝《ふじたか》）も動かず、これはというような武将は誰も味方しなかった。

本能寺の変を知って急遽、毛利と和睦《わぼく》し、大急ぎで引き返してきた秀吉軍を迎え撃った山崎《やまざき》の戦いで光秀は敗れ、敗走するところを落武者狩りの百姓に竹槍《たけやり》で殺される。このときの戦いで、光秀が頼みにしていた筒井順慶《つついじゅんけい》が洞ヶ峠《ほらがとうげ》で日和見《ひよりみ》を決め込んだというエピソードは有名で、「洞ヶ峠を決め込む」という日和見を意味する熟語を生んだが、これは史実ではないらしい。

この本能寺の変における光秀の姿を、最も簡潔に示して見せたのは頼山陽《らいさんよう》（注1）である。その『日本楽府《にほんがふ》』の「本能寺」を唱すれば、いまなお血が騒ぐのを感じる。

本能寺　溝幾尺

本能寺《ホンノウジ》　溝《ミゾ》ハ幾尺《イクシャク》ゾ

吾《ワ》ガ大事《ダイジ》ヲ就《ナ》スハ今夕《コンセキ》ニ在《ア》リ
茭粽《コウソウ》手《テ》ニ在《ア》リ茭《コウ》ヲ併《アハ》セテ食《クラ》フ
四簷《シエン》ノ楳雨《バイウ》　天《テン》ハ墨《スミ》ノ如《ゴト》シ
老阪《オイサカ》ヲ西《ニシ》ニ去《サ》レバ備中《ビッチユウ》ノ道《ミチ》
鞭《ムチ》ヲ揚《ア》ゲテ東《ヒガシ》ヲ指《サ》セバ天猶早《テンナホハヤ》シ
吾《ワ》ガ敵《テキ》ハ正《マサ》ニ本能寺《ホンノウジ》ニ在《ア》リ
敵《テキ》ノ備中《ビッチユウ》ニ在《ア》ル　汝《ナンジョ》能ク備《ソナ》ヘヨ

吾就大事在今夕
茭粽在手併茭食
四簷楳雨天如墨
老阪西去備中道
揚鞭東指天猶早
吾敵正在本能寺
敵在備中汝能備

山陽の天才は、僅か八行の詩のなかに当時、伝えられたエピソードを巧みに取り入れている。

光秀は事を起こす直前に、連歌《れんが》の会を催した。簷《のき》からは梅雨がしたたり、天は真っ暗だ。そのとき粽《ちまき》が出されると、光秀はその皮（茭《こう》）を取らずに食べ、突然、「本能寺の溝の深さはどれほどか」と聞いたので、一座の者は妙な印象を受けたという。

事を挙げる前の光秀の放心状態を、嘘か本当かわからないがよく示していると思う。

それから老阪《おいさか》で東に向かうことになるが、まだ東の空は暗い（天猶早）。そして敵は本能寺にいるのだが、もう一人の敵は備中にいる秀吉だと言っている。名詩だと思う。

（注1）**頼山陽**（一七八〇〜一八三二）　江戸後期の儒学者・歴史家・漢詩人・書家。大坂から江戸に出て経学・国史を学び、のち京都に上って私塾を開く。著書『日本外史《にほんがいし》』『日本政記《にほんせいき》』は幕末における歴史観に大きな影響を与え、尊王攘夷《そんのうじょうい》運動の思想的背景となった。生前に唯一出版された『日本楽府』は、山陽が日本の歴史から六十六のハイライトを選んで詩（楽府）にしたもの。「本能寺」はその第六十一闋《けつ》（闋は楽府を数える単位）にあたる。

## 信長の大局観と先進性

天下統一は光秀を討った秀吉に引き継がれるが、秀吉は信長の朝廷と神社に対する態度も受け継いだように思う。信長が皇室を重んじた具体的な例として、正親町天皇の行幸《ぎょうこう》を仰ぎ、その御前で馬揃《うまぞろ》えを行ったことがある。いまから見るとどうということはないが、それまでの皇室がいかに無視されていたかを考えれば、これは驚くべきことであった。

信長は仏教を迫害したから仏教嫌いのように思われるが、どうもそうではないようだ。

本能寺にしろ、嫡男の信忠《のぶただ》が泊まっていた妙覚寺《みょうかくじ》にしろ、法華宗《ほっけ》(日蓮宗《にちれん》)の寺である。仏教自体が嫌いなのではなく、一向宗のように武力行使で国を奪ったり、法華宗のように他の宗派をバカにしたりする態度に我慢がならなかったのであろう。信長は浄土宗《じょうど》と日蓮宗に議論をさせ、浄土宗側の勝ちと判定して、日蓮宗側に詫《わ》び証文を出させたうえ処罰している。

キリスト教に対しては友好的だった。これは新しいもの好きであると同時に、新しい文明が好きだったのだろう。だから朝山日乗《あさやまにちじょう》のような、後奈良天皇以来、朝廷の信頼もあり、信長自身も重用した偉い僧侶が反対しようとかまわずに、いろいろな恩恵をキリシタンに与えている。

のちに秀吉が完成させる検地を行い、金山銀山を開発するなど、近代的な事業もいろいろと行った。鉄砲を活用したのはよく知られているが、信長は鉄甲船《てっこうせん》というものも造っている。石山本願寺と戦ったとき、海上から本願寺を助けた毛利・村上水軍に織田軍は散々にやられてしまった。そこで、信長は敵の炮録《ほうろく》(火薬を詰めた砲弾)に対抗して鉄板を張った船を造らせ、これに大きな鉄砲を載せて、この新兵器で毛利・村上水軍に完全勝利する。こういう思考の柔軟さからいっても空前の人物だと思う。

もう一つ、信長が画期的だったのは門地《もんち》（家柄、門閥《もんばつ》）をまったく問題にしなかったことである。斎藤道三は美濃を取るために養子になったり、苦労して自分の格を上げていかなければならなかったが、信長は家柄には関係なく、どんどん抜擢《ばってき》して大大名にした。これは信長以前の足利時代にはなかったことだ。

ただ頼山陽は、それは間違いだったと言っている。「大きな領地を部下にどんどん与えたから、封建《ほうけん》大名の勢いを抑えられなかった。自分が死んでしまったら子供たちには何も残せなかったではないか。秀吉も家臣にどんどん領地を与えたから、豊臣家もやはり続かなかった」と言っている。家康はこれを参考にして、譜代《ふだい》大名は絶対に大大名にしなかった。

しかし奇妙なのは、信長の時代から国や城をもらうよりも茶器の名品や名画を授かるほうが名誉だ、というセンスが武将の間に生まれたことだ。たとえば秀吉が但馬《たじま》、播磨《はりま》を征服して安土に戻ったときには、褒美《ほうび》として乙御前《おとごぜ》の茶釜が与えられている。

茶の湯は足利義満《よしみつ》が宇治に茶園をつくってから行われるようになったと言われているのだが、信長は京都に出ると丹羽長秀や織田家の文官・松井友閑《まついゆうかん》に命じて天下の名器といわれる茶道具を集めさせた。信忠に家督を譲るときも茶道具だけは別扱いにして、自分で持っていたという。天正三年（一五七五）には堺の茶人十七人を集めて、千宗易《せんのそうえき》（利《り》休《きゅう》）に初めて茶を立てさせた。利休が出てきたのはこのときである。

お香も好み、義政《よしまさ》以来、初めて東大寺の蘭奢待《らんじゃたい》という香木を一寸八分切ったという。一分は朝廷に献上し、一分は自分で使って、残りの一寸六分を武将たちに分け与えた。それをもらった武将は、これほどの名誉はないと感激した。土地をもらうよりも名誉という感じだったらしい。

信長は皇室を立ててそこから命令しなければ天下は取れないという大戦略のもと、個々の戦術は実に辛抱強く、戦いのたびに必要な工夫をした。その大局観に立ち、個々の戦闘は我慢するところは徹底して我慢し、へりくだるところはどこまでもへりくだる。武田信玄などには贈り物も丁重をきわめた。信玄が「信長は小賢《こざか》しいやつだから」と、送ってきた漆塗《うるしぬ》りを試しに削ってみたら最後まで厚い漆だったので感心した、という話もある。

もし、信長が本能寺で殺されず長生きしたら……と空想すると面白い。もしかしたら、ルールに則《のっと》った南蛮貿易も盛んに行われたかもしれない。

# 第4章

# 天下布武《てんかふぶ》を引き継いだ秀吉

## 秀吉ご落胤説は公式見解

織田信長がつけた道筋、すなわち京都へ出て朝廷を奉《たてまつ》って、その権威を背景に諸国に命令するというスタイルを完成させたのが豊臣秀吉である。

秀吉の生まれについては二説ある。

一つは土屋知貞《つちやともさだ》の『太閤素生記《たいこうすじょうき》』などで言われていることで、信長の足軽《あしがる》であった木下弥右衛門《きのしたやえもん》と妻なか(のちの大政所《おおまんどころ》)との間に一男一女があり、その男子が秀吉であった。弥右衛門が亡くなると、母親は弥右衛門の同朋《どうほう》だった竹阿弥《ちくあみ》と再婚してやはり一男一女が生まれ、兄がのちに大和大納言《やまとだいなごん》になる秀長《ひでなが》、妹が家康に嫁入りした朝日姫《あさひひめ》である。

これが一般的に認められている説だが、もう一つ、大村由己《おおむらゆうこ》の書いた秀吉公認の伝記『秀吉事記《ひでよしじき》(天正記《てんしょうき》)』によると、萩中納言《はぎちゅうなごん》という人が尾張《おわり》に流されたときに一人の女の子が生まれ、その子が宮中に仕《つか》えて天皇のお手がつき、尾張に戻って生んだ男の子が秀吉であったという。つまり、天皇ご落胤《らくいん》説である。江戸前期の歌人・松永貞徳《まつながていとく》も著書『戴恩記《たいおんき》』に、「自分の母は内裏《だいり》に仕えて玉体《ぎょくたい》に接し、ついに我を生めり」と秀吉自らが語ったと書いている。

また、朝鮮やルソンに宛てた国書のなかで秀吉は、「母が自分を身ごもったとき、日輪の懐に入る夢を見た」というようなことを言っている。

好意的に考えれば、あまりに身分の低い人間が関白《かんぱく》になっては皇室の権威を傷つける畏《おそ》れがあるからそういうことにしたとも言える。

秀吉は非常に親孝行で、家族思いでもあった。母親が病気になったときには「三カ月でも生き延びさせたら一万石をやる」と神社仏閣に祈禱《きとう》をさせ、亡くなると大徳寺《だいとくじ》のなかに龍翔寺《りゆうしようじ》、高野山《こうやさん》に青巖寺《せいがんじ》（金剛峯寺《こんごうぶじ》の前身）を建立《こんりゆう》した。姉に従二位《じゆにい》を贈り、弟の秀長を大納言にしている。世話になった人も手厚く遇し、若い頃に仕えた今川家の松下嘉《まつしたか》兵衛《へえ》には丹波《たんば》二千石の領地を与えて、人前でしきりに感謝の意を表している。

ところが不思議なことに、父親の弥右衛門に対しては何もしていない。位も贈っていなければ、墓も寺も建てていないのである。

少なくとも、偉くなってからの秀吉は父親のことはまったく口にしていない。おそらく、天皇のご落胤ということにしていたからだろう。秀吉の軍師・竹中半兵衛《たけなかはんべえ》の息子で、秀吉にずっと仕えていた竹中重門《しげかど》が『豊鑑《とよかがみ》』という秀吉の一代記を書いている。重門は当然、秀吉のことをよく知っているわけだが、そこには「父親の名は知れず」とある。

少なくとも二説のうち、ご落胤説のほうが公《おおやけ》には通用していたと思われる。秀吉の前でそう語られていたわけだから。

「サル」と呼ばれていたことは有名だが、よく言われるように顔が似ていたからかもしれないが、それよりも、おそらく生まれた天文《てんぶん》五年が申《さる》の年だったからではないだろうか。たとえば前田利家《まえだとしいえ》の幼名は犬千代《いぬちよ》で、通称は「お犬」だったが、彼は天文七年戌《いぬ》年の生まれだし、加藤清正《かとうきよまさ》が「虎」と呼ばれたのも、おそらく寅《とら》年生まれだったからだろう。この頃は男の子を生まれた年の干支《えと》で呼ぶ習慣があったので、そのため秀吉も「猿」と呼ばれたのかもしれない。

## 大出世を可能にした秀吉のセンス

秀吉の出世ぶりは小瀬甫庵《おぜほあん》の『太閤記《たいこうき》』（寛永《かんえい》三年＝一六二六）で有名だが、その出世のきっかけとなったのは、美濃《みの》攻めの折に〝一夜で〟洲股《すのまた》（墨俣）城を築いたことである。いわゆる「一夜城」と呼ばれるものだ。これで信長が美濃を攻める足がかりができた。

このとき秀吉は、信長の家来たちではなく、野武士や浮浪の連中を集めて自分の部下として使った。次に、美濃の斎藤家の有力な武士である大沢治郎左衛門《おおさわじろうざえもん》を説得して寝返らせた。このあたりが明らかな出世の始まりだった。

ところがこのとき、秀吉に説得された大沢を信長は「殺せ」と言う。「降参した者を殺したのでは降参する者がいなくなりましょう」と言っても信長は聞かない。秀吉は大沢との信義を守るため、命を投げ出すつもりで清洲《きよす》から脱走させた。

大沢はこのことをいろいろな武将に語った。それで「諸豪傑之《これ》を聞き、属するを願う者多し」と『名将言行録』にもある。「秀吉は嘘をつかず、人を殺すのが嫌いだ」ということが、次第に武将の間に知られてくる。これは信長と対照的なところで、天下統一を急速に成功させた大きな理由となったと考えてよいであろう。

浅井《あざい》・朝倉《あさくら》との戦いでは、秀吉が浅井に対して最も功があったのではないか。秀吉は浅井の旧領・近江《おうみ》をもらっており、しかも長浜に城を造っているからである。これは、近江征服における秀吉の働きを信長が認めたということであろう。

京に入ったときも、信長は秀吉を京都の守護職にしている。そして決定的だったのは、毛利征伐の大将になったことである。毛利は信長にとって一番の敵だった。上杉も大敵だが、北国越後《えちご》だから冬は動けないという弱点があった。その毛利を討つため、秀吉が播州《ばんしゅう》に赴くときには唐傘《からかさ》をさすことを許された。これは何気ないように思われるかもしれないが、唐傘を許されるというのは大変なことで、足利時代には上杉・朝倉などの大《だい》名《みょう》でなければ許されなかった。

この頃、毛利の外交僧として秀吉に面会した安国寺恵瓊《あんこくじえけい》は、「信長はまもなく高転びに転ぶでありましょう。しかし藤吉郎《とうきちろう》（秀吉）はさりとてはの者でございます」と毛利に報告している。いかに人を見る目があったかがわかる。恵瓊はのちに、秀吉の下で大名になった。

それから有名な高松城の水攻めということになるのだが、そこまでの秀吉の戦いぶりには目覚ましいものがあった。ところが秀吉には、「勝ちすぎてはまずい」というセンスがあった。秀吉は信長の性格をよく見抜いていた。中国を次々に取っていくと、信長は秀吉に大きな領地を与えることになる。すると、あとになってから信長はそれを惜しいと思うのではなかろうかと秀吉は考えた。そう考えるあたりが苦労人といえば苦労人だし、人間をよく知っていたとも言える。

秀吉には当時、子供がいなかった。そこで、信長の四男・於次丸《おつぎまる》（のちの羽柴秀勝《はしばひでかつ》）を養子にしたいと願い出た。これはすごいアイディアである。いくら秀吉に領地を与えても、そのあとを継ぐのは自分の子供だから信長は安心である。こういう頭の働かせ方が、秀吉と明智光秀の違いであろう。

## 信長の死と毛利との講和

さて、備中《びっちゅう》（岡山県）高松城の水攻めは天正十年（一五八二）四月のことであった。毛利方の清水宗治《しみずむねはる》の守る高松城を、川を堰《せ》き止めて水没させようという奇策である。毛利輝元《てるもと》は吉川元春《きっかわもとはる》・小早川隆景《こばやかわたかかげ》両軍を援軍に送るが、高松城が水上に孤立し、秀吉は周密《しゅうみつ》な陣を敷いているので手が出ない。やむなく毛利は「備中・備後《びんご》・出雲《いずも》・伯耆《ほうき》・美作《みまさか》五カ国の譲渡」を条件に講和を申し出た。秀吉はこれに加えて、高松城に立て籠もる清水宗治の自害を要求する。毛利側はこれを拒否し、安国寺恵瓊が改めて秀吉と交渉に臨むが、秀吉は「敵の大将の首をとれないのでは、城攻めに勝ったと言っても天下には通用しない。宗治の首だけは譲れない」と主張した。

知恵者である恵瓊は宗治に直接、それを伝えた。自分が腹を切りさえすれば済むことだから宗治は承知して、水上に舟を漕ぎ出して切腹する。

この交渉の最中の六月三日、「本能寺の変」（二日）の知らせが秀吉に届いている。信長が光秀に討たれたことに衝撃を受けるが、秀吉は信長の死をひた隠しにして、四日に清水宗治の死を見届けると、翌日、一部の兵を残し、光秀を討つべく大急ぎで高松を発った。後々まで「中国大返し」として語り継がれた凄まじい強行軍であった。

一日遅れで紀州の反信長の武装集団、雑賀衆《さいかしゅう》から毛利軍に本能寺の情報が入った。毛利は追撃せんとしたが、小早川隆景が「和睦《わぼく》の誓約を守りましょう」と言って押し留めた。輝元には、「お父上の元就《もとなり》公も『天下を望まず家と国を守れ』とおっしゃった。追いかけていって無用な戦争をすることはない」と言った。

これは秀吉にとっても非常に有り難いことだった。その後、秀吉は毛利、とくに小早川隆景に対して特別の好意を示し続けた。

六日に姫路に着いた秀吉は、すべての財産を部下に分かち与えた。これから明智光秀と戦って勝てば天下を取るのだからいくらでも取り戻せるし、負ければどっちみち財産などあっても仕方がないというのが秀吉の考え方だった。こういう思い切りのよさが、この当時の秀吉の凄さである。

このとき、面白い話がある。毛利の敵だった尼子《あまこ》の旧臣・亀井茲矩《かめいこれのり》に、秀吉は「お前にはもとの主家《しゅか》の出雲でも与えたいのだが、毛利に返してしまったからやれない」と言ったところ、亀井は「私は日本なんかいりません。琉球《りゅうきゅう》をください」と答えたので、「亀井琉球守殿」と扇に書いて与えたという。

これは少々嘘っぽい話だが、意外なところで本当であることがわかった。朝鮮の役《えき》のときに亀井が落としたと思われる「亀井琉球守」と記された扇が、朝鮮側の手に入っているのである。つまりこの頃、すでに琉球守になりたがった武将がおり、秀吉がそれを任じているということだ。当時の武士たちの関心が、意外に外国に向かっていたということの一つの証拠となるであろう。

あとはご承知のとおり、山崎の戦いで秀吉は光秀を討ち果たす。

## 信長後継者としての器量

ではこのとき、ほかの信長の家臣はどうしていたか。

非常に面白いと思うのは、偉大なリーダーが突然いなくなったとき、有能な部下たちのなかにグンと伸びる人間と萎《しぼ》んでしまう人間の二種類がいることである。

柴田勝家《しばたかついえ》は越中《えっちゅう》で上杉景勝《うえすぎかげかつ》勢と対陣し、優勢であった。前田利家《まえだとしいえ》は能登《のと》にいた。二人とも、本能寺の変の知らせに「すぐ駆けつけなければ」と思いつつ、秀吉に後れを取った。

柴田が最も信頼していた甥の佐久間盛政《さくまもりまさ》が「もう少し形勢を観望《かんぼう》(うかがい見る)しては

いかがでしょうか」と言うので、そのあともグズグズしていた。このあたりで器量というものがわかる。勝家も利家も、立場は足軽上がりの秀吉よりずっと上である。それなのに手を拱《こまね》いていた。

勝家とともに上杉と戦っていた佐々成政《さっさなりまさ》も、上杉軍の反撃の前に身動きがとれない。信長の下で「先に駆けるも滝川《たきがわ》、殿《しんがり》も滝川」とまで言われていた滝川一益《たきがわかずます》は関東で北条《ほうじょう》と戦っていたが、敗れて伊勢長島《いせながしま》に退散してしまう。いずれも、強力な上司がいなくなったら一介の武将にすぎないことがわかった。

秀吉は、信長がいなくなったら天下を取る器量を露《あら》わにしたのである。同じことが家康についても言えた。今川義元《いまがわよしもと》が倒れると家康はにわかに勢力を伸ばし、信長が死んだとなったら甲州、信州を手に入れ、そして秀吉が死んだら天下を取った。家康も上がいなくなるとどんどん伸びるタイプだったのである。信長という兄貴分と同盟を結んでいたから、信長があのまま天下を取っていれば、家康も一武将のままでいたであろう。

偉大なリーダーを失ったときに、部下の本当の器量がわかる。やはり秀吉と家康という、のちに天下を取る二人の人物はその時点からまったく動きが違っていた。

信長と長男・信忠《のぶただ》が本能寺の変で死んだため、織田家の跡目相続は二男・信雄《のぶかつ》と三男・信孝《のぶたか》との争いになる。信雄は長男・信忠と同腹だが、信孝のほうは身分の低い側室の子であり、実際は信孝のほうが二日ばかり早く生まれたらしいが、母親の身分が高いせいで信雄のほうが次男とされていた。

しかし信雄は凡人で、信孝のほうが武士らしい気性を持っていたからだろう、筆頭家老の柴田勝家は信孝を跡継ぎに担いだ。四男で秀吉の養子になっている秀勝も、信長の実子だから相続する権利はあったのだが、秀吉が口出しさせなかった。

同じ天正十年（一五八二）の六月十八日に清洲城《きよすじょう》で、信忠を失った織田氏の後継者を決める「清洲会議」が行われた。勝家は信孝を跡継ぎにしたいと主張した。秀吉は信孝にはその資格がないなどとは言わず、「長男の長男こそ」と正統論を展開し、信忠の子・三法師《さんぼうし》（のちの織田秀信《ひでのぶ》）を推した。結局、丹羽長秀《にわながひで》が「秀吉は殿の仇《かたき》を討ったのだし、筋も通っているから」と秀吉を応援したおかげで三法師が跡継ぎに決まり、信孝がその後見人となった。秀吉の筋目論が勝ったわけだ。

各武将が三法師に拝謁《はいえつ》することになったときに秀吉が三法師を抱いて現れ、大名たちが平伏《へいふく》するたびに秀吉が頷《うなず》くので、あたかも秀吉が拝礼を受けるようであったなどとも言われるが、まさかそんなことはなかっただろう。ただこのとき、秀吉暗殺の計画もあったと言われる。証拠は何もないが、あってもおかしくない。だが、秀吉はさっさと引き上げた。

さらに、秀吉は信長の葬儀を大々的に行った。

朝廷に働きかけて、自分には従五位下左近衛少将《じゅごいげさこのえしょうしょう》、信長には従一位太政大臣《じゅいちいだじょうだいじん》の位をもらい、勅旨《ちょくし》までもらって十月十一日に紫野《むらさきの》の大徳寺で七日間続けて大法要を営んだ。大徳寺から火葬場の蓮台野《れんだいの》までずらりと兵士を並べ、本能寺で灰となった信長の遺体の代わりに仏像を納めた棺《ひつぎ》を金襴《きんらん》の布で覆《おお》って、五山の僧侶たち全員を参列させた。正親町《おおぎまち》天皇も宮家《みやけ》も公家《くげ》も自ら、あるいは代理の者が出席した。秀吉は喪主として棺のあとに従っている。見物人も垣根をなした。

この葬式の時に一万貫を寺に寄附し、さらに信長の位牌所として大徳寺のなかに総見《そうけん》院《いん》を建てている。自分が信長の後継者であることを天下に示したわけだ。織田信雄・信孝、柴田勝家、滝川一益は参列せず、お香だけを送ってきたと言われている。

秀吉は他の武将たちとは発想と視点が違っていた。他の武将たちは自分の領土を固めることにのみ腐心していたが、秀吉は天下を治めることを考えていた。

信長の死後、武将たちはあそこがほしい、ここがほしいと土地を争ったが、秀吉は領地の分配で争うところがなかった。このあたり、なんとも凄みを感じさせる。秀吉は京都に近い山城に住み、あとは大坂を抑えているだけで、ほかの土地には口を出さない。ほかの武将がみんな土地をほしがったのは、おそらくはまた戦国時代がくると思ったからであろう。だから、自分がもらった土地をいかに保ちうるかという発想になる。

秀吉は浅井家の旧領地である近江長浜を持っていたが、このあたりは北の越前を領有する柴田勝家が京へ上るときの通り道だった。そこで勝家は、秀吉に長浜を寄こせと言い出した。秀吉はあっさり譲ってしまった。勝家も、自分の北国の領土が第一で、さらに近江を持てば京都も睨《にら》めるという発想で土地をほしがったのである。ところが秀吉は、「いま近江を譲ってもいずれ天下を取れば同じことだ」と考えた。発想の次元が違うのである。

## 「柴田勝家のみは許さず」

京都は秀吉と勝家、丹羽長秀、池田恒興《いけだつねおき》（勝入《しょうにゅう》）の四人で治めるという清洲会議の約束だったが、他の三人は自分の領地に戻ってしまったから、実質的に秀吉一人が仕切っていた。そして、京に近い山崎に城を築く。さすがに勝家と信孝がこれに抗議するが、秀吉にしてみればそんなことは知ったことではない。

一方、信孝は三法師を安土《あづち》に戻さずに岐阜《ぎふ》の自分の手もとにとどめおき、秀吉が「安土に戻せ」と言っても聞かない。また、浅井長政に嫁ぎ、浅井が滅んだため後家でいた叔母《おば》のお市《いち》の方《かた》を、信孝は柴田勝家と結婚させている。自分が天下人《てんかびと》になったときに勝家に助けてもらおうという配慮である。この信孝・勝家連合は秀吉との一戦に備え、毛利と徳川家康に手を回した。

こうなると秀吉は動きが早い。

越前が雪に覆われて勝家の動きがとれない十二月に入ると、秀吉は丹羽長秀、池田恒興を味方にして三万の軍を率い、一度、勝家に譲った長浜城を包囲した。長浜城には勝家の養子・勝豊《かつとよ》がいたが、勝豊は勝家が信頼している佐久間盛政と仲が悪かった。このことを秀吉は知っていたのだろう。案の定、勝豊は降伏し、秀吉側に寝返った。さらに信雄も合流して、一挙に岐阜の信孝を攻める。信孝はあっさり降参して三法師を引き渡し、子供と母親を人質に差し出した。

秀吉側についたのは、明智光秀を倒した秀吉がこれから天下を取るだろうから、秀吉を助けて自分も出世しようと目論《もくろ》む連中である。勝家のほうには単に秀吉が嫌いだとか、義理で仕方なくついた連中が多かった。佐々成政、滝川一益は秀吉嫌いだったろうし、前田利家は能登にいるから成り行き上、勝家に従った。

このときの利家については、佐久間盛政が「利家は秀吉と仲がいいから内通しているのではないか、暗殺したほうがいいのではないか」と進言するが、勝家はそういうことは嫌いだったらしく、聞く耳を持たなかった。しかしその話が利家に漏れ、つきあっていられないという気持ちになってしまったようだ。

長浜を落とされ、信孝の美濃《みの》も取られてしまい、滝川一益が反秀吉の兵を挙げると、ついに待ちきれなくなった勝家は翌天正十一年（一五八三）二月下旬、人夫を動員して雪かきをしながら出陣し、かくして長浜賤ヶ岳《しずがたけ》の近くでお互いに陣を張った。

ところが、いったんは降伏した織田信孝が、四国の長宗我部元親《ちようそかべもとちか》を誘って再び岐阜で挙兵したものだから、秀吉は急遽《きゆうきよ》、美濃に進軍し、大垣城に入った。その間に賤ヶ岳のほうでは、四月二十日頃から勝家軍の佐久間盛政が中川清秀《なかがわきよひで》の守る大岩山砦《おおいわやまとりで》を攻撃し、中山清秀は戦死。隣りの岩崎山にいた高山右近《たかやまうこん》は逃走した。

その知らせを聞くや、秀吉は直ちに大垣城から十三里（五十二キロ）を五時間で引き返した。時速約十キロの速さである。

この急速な「美濃返し」が可能であったのは、秀吉がかつての領地・近江で非常な善政を敷いていたことに起因する。賤ヶ岳に駆けつける途中、先に使いの者を出して、百姓たちに飯と馬の飼い葉を用意させ、篝火《かがりび》を焚かせた。「恩賞をとらすぞ」と言うと、秀吉は常に約束を守ったから百姓たちがみな言うことを聞く。それで大軍が時速十キロで駆けつけられた。どんなに急いでも、秀吉の軍勢が到着するのは午後になるだろうと思っていた佐久間盛政の兵は早朝に攻撃され、敗退した。

勝家軍は総崩れとなり、勝家は越前北庄《きたのしょう》城《じょう》に逃れた。勝家は、浅井長政とお市の方の間に生まれた三人の娘——のちの淀君《よどぎみ》、京極高次《きょうごくたかつぐ》に嫁いだ初《はつ》、徳川秀忠《ひでただ》の正室（継室）となった江《ごう》の三姉妹を逃し、四月二十四日に天守閣でお市の方とともに自害した。

初めから戦う気のなかった前田利家は、府中ですぐ門を開ける。

秀吉は降参した敵を許すことがよくあったが、秀吉は「勝家だけは違う。勝家を許すのは池のそばに毒蛇を放ち、庭の前に虎を飼うようなものだ」と言って許さなかった。お市の方は、自分の夫の城が落ちるのを二度見ることになった。最初の夫・浅井長政のときと柴田勝家と。勝家とお市の方に殉死《じゅんし》したのは八十四人であったという。

このとき詠《よ》んだお市の方の辞世《じせい》。

「さらぬだに　打ちぬる程も　夏の夜の　夢路をさそふ　ほととぎすかな」

ちょうどほととぎすが鳴いていたらしい。四月二十四日というと、新暦では五月頃になる。勝家も、

「夏の夜の　夢路はかなき　跡の名を　雲井にあげよ　山ほととぎす」

と詠んだと言われている。

信孝は信雄に岐阜城を包囲されて降伏後、自害。滝川一益は所領をすべて没収された。

柴田勝家は若い頃、信長の弟の信行《のぶゆき》（信勝《のぶかつ》）に与《くみ》して信長を殺そうとしたこともあったから、おそらく信長が長く生きていたら、例によって昔のことを持ち出されて放逐《ほうちく》されたかもしれないが、いずれにせよ、本能寺の変のあと、秀吉と戦おうとしたのは信長の家来では彼一人だったことはたしかで、武将としては立派だったと言えるだろう。

徳川家にとって関ヶ原の戦いが決定的な勝利であったとすれば、秀吉にとってはこの賤ヶ岳の戦いが決定的であった。その後、秀吉が苦戦したことはない。

秀吉は小早川隆景に、「日本を治めることこの時に候」という手紙を出している。「どれほど兵に損害が出ようとも、柴田に息をつかせては厄介だから、柴田の本城を攻め、午《うま》の刻に占領してすべての首をはねて終わりました」という内容である。秀吉自身、勝

家さえ除けば天下は自分のものになるという確信を持っていたのだろう。

## 秀吉と家康の対決

天正十年（一五八二）の夏から十一年夏の一年間における秀吉の変化には驚くべきものがある。

十年六月に明智光秀を討ち、十一年の初夏に柴田勝家を滅ぼした。織田信孝は死に、滝川一益、佐々成政は降参した。かつては自分より格上だった丹羽長秀、前田利家とは友人になった。東の北条氏政《うじまさ》、北の上杉景勝《かげかつ》は秀吉と戦う気を示さない。中国の毛利輝元は、吉川広家《ひろいえ》（元春の三男）、毛利秀包《ひでかね》（元就の九男）を人質として送り、秀吉と手を結んだ。徳川家康も秀吉の賤ヶ岳の勝利を祝って、石川数正《いしかわかずまさ》に「初花の茶壺」という非常に貴重とされていたものを贈らせている。

たった一年で、秀吉は信長よりも広大な土地を取った。六月二日に信長の一周忌を大徳寺で盛大に催し、賤ヶ岳の論功行賞《ろんこうこうしょう》を行う。いわゆる「賤ヶ岳の七本槍」という言葉もこのとき、生まれた。三十六人を新しく大名にし、二十二の国に城主をつくったと言われている。そして十一月に大坂城を築く。

近辺には大きな石がないので、全国から石垣用の石を集めさせた。石を積んだ船が毎日二百隻、時には一千隻も集まったという。こうして巨大な石垣を持つ大坂城ができた。そして天正十二年（一五八四）、家康との戦いが始まる。小牧《こまき》・長久手《ながくて》の戦いである。信長の死後、関東は上杉・北条・徳川の三勢力の争いの場になっていたが、信長の二男・信雄にとって二十年来、変わらぬ父の盟友であった家康は、秀吉に対抗するには頼りがいのある武将であった。

賤ヶ岳の戦いのときには秀吉と家康は、表面上は何の争いもなく、平和的な関係にあった。三法師の後見人でもある信雄に対しても、秀吉はずっと恭《うやうや》しい態度をとっていた。三法師や信雄に会う時の秀吉の態度は、あたかも信長に対するようであったと言われている。信雄は賤ヶ岳の論功行賞により、伊賀、伊勢、尾張の三国を与えられておよそ百万石を領し、伊勢長島に居た。

家康は信雄の意見を聞いて、甲斐国をめぐって争っていた北条と手を結び、四国・土佐の長宗我部元親を動かした。それから紀伊の雑賀・根来《ねごろ》衆、越中の佐々成政に呼びかけた。四国、泉、伊勢、越中、加賀、すべて家康・信雄の手が回った。

秀吉は、家康・信雄がいずれ自分に背《そむ》くことを見抜いていた。だが、秀吉は非常に難しい状況にあった。家康は自分の主君・信長の弟分であったから、ヤクザの関係にたとえて言えば、家康は秀吉の叔父貴分《おじき》にあたる。その家康と結んでいる信雄は主君の子である。その二人が連合して敵対してくるのは、実に扱いにくいことだ。

天正十二年三月、家康は尾張の小牧山を占領する。秀吉と戦うなら、あのあたりでは小牧山が一番の要害の地だと判断した。常に敏速で機先を制する戦いをしていた秀吉が、このときは珍しく家康に先手を取られ、要害の地を奪われた。秀吉にはやることが多すぎたのだろう。

このとき、家康四十三歳。支配する土地は約二百五十万石。秀吉は四十九歳、支配する土地は六百三十万石。動員可能兵力は家康が六万一千、秀吉およそ十五万六千。秀吉には三倍近い兵力があった。しかし、家康はすでに北条と手を結んでいるから、さらに多くの兵を動員できる。秀吉はぐるりが敵であり、味方さえはっきりしないところがあった。たとえば池田恒興、森長可《もりながよし》などは家康に誘われて心が揺らいでいた。恒興は信長の乳兄弟《ちきょうだい》だから、秀吉からすれば仰ぎ見るような存在だ。そこで秀吉は三河、美濃、尾張を与えることを条件に味方につけた。秀吉側についた恒興は、いきなり犬山城を占領した。森長可も恒興に負けまいとして小牧山城近くに進攻したが、敗走している。

長宗我部の軍隊と雑賀・根来衆による大坂城攻撃に備えて背後の手配をせねばならなかった秀吉は、三月二十七日になってようやく池田恒興が取った犬山城に入った。家康が小牧山に陣をかまえてから半月が経っていた。

池田恒興と森長可は、手柄を立てようと三河の岡崎城を襲う案を出した。徳川の陣地を迂回《うかい》して三河に出ようというなかなかの作戦だったが、秀吉は危ぶんだと見えて、羽柴秀次《ひでつぐ》と堀秀政《ほりひでまさ》をつけ、およそ二万の兵で出撃した。

ところが、この動きを察知した家康軍に背後を突かれた羽柴秀次は命からがら逃げた。秀次敗走を知った堀秀政は檜ヶ根《ひのきがね》に陣を敷き、秀次を打ち破って勢いに乗る家康軍を待ちかまえ、引きつけて銃撃し、勝利して引き揚げた。このときの堀秀政の反撃は鋭く、それまで秀次の軍を破って意気盛んだった徳川勢は追いまくられ、勇猛で知られる榊原《さかきばら》康政《やすまさ》も、馬上で長刀《なぎなた》を後ろに薙《な》ぎ払いながら退いたという。

負け戦のなかでも勝つ武将がいるのである。そういうところで、戦争のうまい下手がわかる。堀秀政は戦上手で有名だった。

残された池田・森の軍勢は長久手で全滅。恒興と長可も討ち死にした。

池田恒興は三河へ向かう途中で岩崎城を攻めて落としているのだが、秀吉は「城攻めなどするな」と注意していたらしい。三河へ向かうならまっしぐらに向かえということだろう。しかし、どうしても途中で引っかかるものらしい。のちの例でいえば、関ヶ原の戦いのときに、徳川秀忠が主力軍を率いながら信州上田城の真田昌幸《さなだまさゆき》に引っかかってしまい、足止めをくって関ヶ原に間に合わなかったのと似ている。

敗戦の報を聞いた秀吉は直ちに攻撃に向かうが、いつまでも戦場にぐずぐずしている家康ではない。小幡城《おばたじょう》から小牧山城に移り、さっさと清洲城に戻ってしまったから、秀吉も引き返した。

「このまま睨みあっていても仕方がない」と秀吉は考えた。大坂も気になってしようがない。家康のほうも「戦場で秀吉と戦うのはたまらない」と城に入ってしまう。お互いに鉄砲を持っているから、強引に攻めると信長時代の長篠《ながしの》の戦いの二の舞だとわかっていた。二人とも戦争の名人だから無理はしない。軍を小牧山に留めたまま、秀吉は大坂城に戻った。

秀吉の発想は実に柔軟だから、すばやく攻撃目標を変え、織田信雄領の伊賀・上野を征服してしまう。信雄は伊勢長島城を囲まれ、天正十二年十一月十一日に降参する。秀吉は恭しい態度を示し、和《なご》やかに講和を結んだと言われている。

家康との戦いが膠着《こうちゃく》状態に陥ったらそれを放棄してしまう。一局面に執着しないこういう秀吉の発想というのは、当時の武将には見られない凄さである。信雄が秀吉と講和してしまったら、信雄を助けるという名目で立った家康は戦いを続ける理由を失ってしまうのである。

家康は長久手で勝利を収め、蟹江城《かにえじょう》を攻略した秀吉方の滝川一益を攻めて降参させてもいる（伊勢に逃れた滝川はすっかりだらしなくなってしまって、京都の妙心寺に逃れたあと、越前の丹羽の居候になって終わっている）。ところが、形としては秀吉が優勢だったと当時の人々は思った。だからその後、秀吉が家康に講和をもちかけたときには、家康のほうが二男（長男・信康《のぶやす》が信長に切腹させられているため、実質上の嫡男《ちゃくなん》）の於義丸《おぎまる》と石川数正の息子を人質に出している。もっとも、秀吉は例によって、単なる人質ではなく於義丸を養子にして、羽柴秀康《ひでやす》として河内《かわち》一万石を与えている。

## 「豊臣」秀吉と「平」清盛

天正十三年（一五八五）、秀吉に朝廷から関白《かんぱく》の宣下《せんげ》があり、「氏《うじ》の長者《ちょうじゃ》」として平常牛《ぎっ》車《しゃ》を許された（翌年、太政大臣《だじょうだいじん》になる）。

秀吉は五奉行を任命した。前田玄以《まえだげんい》が二条城所司代、長束正家《なつかまさいえ》が出納係《すいとう》、浅野長政《あさのながまさ》、増田長盛《ましたながもり》、石田三成《いしだみつなり》が訴訟担当である。この五奉行の長官格は浅野長政であった。秀吉は関白になったのだから、宮廷の統治の姿を取らなければいけない。だから、文官型の人間に高い地位を与えなければならなかったのである。

余談だが、この五奉行それぞれの運命は関ヶ原のあとに大きく変わった。

石田三成はご存知のとおり、家康に立ち向かって敗れた。前田玄以は要領のいい男で、関ヶ原の時は三成の西軍につきながら家康にずっと密書を送り続けていたから、所領を安堵《あんど》された。

元来は丹羽長秀に仕《つか》えて算術がうまかった長束正家は、三成に与して伏見城《ふしみじょう》や安濃津《あのつ》城《じょう》を落とし、大垣城で家康軍と戦って最後は切腹している。増田長盛は三成の挙兵を内通するなどしたが、大坂城の守備部隊を務め、家康に謝罪して許された（大坂の役で息子・盛次《もりつぐ》が豊臣方についたため、結局、自害しなければならなかった）。

浅野長政はもともと三成と話が合わず、家康と三成の仲がどんどん険悪になるのを見て争いに巻き込まれるのを恐れ、隠居して息子・幸長《ゆきなが》にあとを継がせた。その幸長が関ヶ原で家康について戦ったために、浅野家は残った。

五奉行のなかで無事に生き延びたのは、前田玄以と浅野長政だけだったということになる。

さて、羽柴秀吉が関白になるにあたって、羽柴という苗字では困る。姓も平《たいら》（それまでは平秀吉と名乗っていた）ではまずい、藤原氏であるべきだというので近衛前久《このえさきひさ》の養子という形にしたが、秀吉は満足しなかった。学者を集めて古い家柄の系図や古典を調べさせ、いまは偉い家柄である源平藤橘《げんぺいとうきつ》も、その昔は器量のある人がもらったのであるから、「謹《つつし》んで旧例を考えるに、思うところあるにより、姓を改めるのは古今の恒典《こうてん》、時代の通規《つうき》（通例）である」と言って豊臣姓を賜《たまわ》った。仲のよかった右大臣・菊亭《きくてい》（今出川《いまでがわ》）晴季《はるすえ》の助力もあったようだ。

この話は、秀吉が天皇のご落胤であるとしたことと結びつくと思う。というのは昔、平清盛《きよもり》の父・忠盛《ただもり》が、正四位上《しょうしいじょう》で武士として初めて殿上人《てんじょうびと》になったとき、眇《すがめ》（斜視）だったのにかけて「伊勢特産の素瓶《すがめ》（粗末な素焼の瓶。あるいは酢瓶か）の瓶子《へいし》（徳利《とっくり》。平氏とかけている）」とバカにされた。ところが、清盛には白河《しらかわ》法皇のご落胤説があり、白河法皇と祇園女御《ぎおんのにょうご》の子供であることが定説になった。祇園女御は白河法皇に大変に愛された女御である。この人には妹がいて、実際はこの女性が清盛を生んだらしいのだが、『平家物語』によれば祇園女御が孕《はら》んだ子供を忠盛に下賜《かし》されたという。清盛は白河法皇のご落胤であるというので、従一位太政大臣《じゆいちいだじようだいじん》になるのに都合がよかった。

そして清盛は、自分の妻・時子《ときこ》の妹・滋子《しげこ》を後白河院《ごしらかわ》と結びつけ、それで高倉天皇《たかくら》が生まれた。また、清盛は自分と時子との間の娘・徳子《とくこ》を高倉天皇の中宮《ちゆうぐう》にして、安徳天《あんとく》皇が生まれた。清盛は高倉天皇の伯父《おじ》、安徳天皇の父ということになる。こういうことがスムーズにできたのは、ご落胤説を利用したからだと思う。

秀吉が関白・太政大臣になるためにはご落胤説が必要だった。だから豊臣という苗字も堂々とつくらせることができた。

## 秀吉の人心掌握術

天正十三年、秀吉は紀州征伐を行う。根来衆の拠《よ》る根来寺を制圧し、雑賀衆の立て籠もる太田城《おおたじよう》を、高松城と同様の水攻めにした。雑賀衆はひと月近く抵抗を続けたが、こらえきれなくなって五十人の首を差し出して降伏した。根来衆の一部は浜松に逃れて家康に仕えた。武田の残党もそうだが、家康は逃げてくる連中をよく召し抱えた。根来も一応坊主だから、還俗《げんぞく》させて扶持《ふち》をやった。それを聞いて数百人の根来衆が集まったという。彼らは徳川幕府になってからは、雑役集団「根来組」として残った。

高野山にも、秀吉はさまざまな条件を突きつけて降伏を勧めた。高野山からは応其《おうご》という客僧が使者に立ち、秀吉との和議に臨んだ。応其は元来、近江の佐々木一族で〈佐々木〈六角《ろっかく》〉義秀《よしひで》の子〉、高野山で木喰上人《もくじきしょうにん》となるほど有能な僧侶だった。秀吉は高野山の武装放棄、謀反人・罪人隠匿《いんとく》の禁止、拡大した領地の没収、ただし弘法大師《こうぼうだいし》が自筆で書いている寺の領地は安堵《あんど》することとし、高野山は存続を許されることになった。

次は、小牧・長久手の戦いで秀吉を背後から脅《おびや》かした四国の長宗我部元親を討つ番である。元親は秀吉に進物を贈って和解を試みたが、秀吉は讃岐《さぬき》・伊予《いよ》の返還を命じた。元親は「伊予だけでどうか」と答えたが秀吉はこれを認めず、交渉は決裂した。

このとき、越中でまた佐々成政が動き始めたので秀吉は大坂に残り、弟の羽柴秀長《ひでなが》を総大将にする。秀吉の作戦は緻密《ちみつ》で、秀長の主力を阿波《あわ》に、蜂須賀《はちすか》・黒田・宇喜多《うきた》・仙石《せんごく》軍を讃岐に、小早川・吉川軍を伊予に、それぞれいちどきに上陸させた。たまらず長宗我部は降参し、阿波は蜂須賀正勝《まさかつ》、讃岐は仙石秀久《ひでひさ》、伊予は小早川隆景に与えられた。

元親は二男・香川親和《かがわちかかず》を人質に連れて秀吉に面会したが、秀吉は秀長や藤堂高虎《とうどうたかとら》を迎えにやって丁重に扱った。黄金百枚を与え、その前に取っていた人質を返した。長宗我部は感激して帰り、元親の死後、あとを継いだ盛親《もりちか》は関ヶ原でも大坂の役でも豊臣方についた。これは秀吉の特徴である。降参した敵を感激させる。どんな目に遭うだろうと思っていると驚くほど丁重な扱いをするから、秀吉に参ってしまうのである。

越中の佐々成政は、加賀の前田利家、越後の上杉景勝の両方と敵対していたため、家康・信雄と会って反秀吉の再挙を促《うなが》そうと、厳冬のなか、越中立山《たてやま》から冬の飛騨《ひだ》山脈、さらさら峠を越えて諏訪《すわ》に出て、天正十二年（一五八四）十二月二十五日に浜松に辿り着いた。当時では考えられない山岳越えだったが、その大変な労苦も報われず、家康も信雄も説得に応じなかった。

翌天正十三年、秀吉自らが越中に乗り出し、富山城を十万の大軍で包囲した。成政は信雄の仲介により、降参して頭を剃った。そして越中新川郡《にいかわのこおり》だけ残して領地を没収される。

表には出なかったがこの間に重要だったのは、前田利家が小牧・長久手の戦いのとき、末森城《すえもりじょう》で佐々成政と戦ったりして以来、彼の動きをずっと抑え続けたことだ。これは非常に大きかった。このあたりが、後々まで秀吉が利家を重んじた一つの理由だと思う。

## 家康懐柔策を繰り出す秀吉

一応は和睦をしたものの、秀吉は家康が気になって仕方がない。そこで家康に重ねて人質を要求した。小牧・長久手の戦いの講和のときにも人質は出しているのだが、もっと出せという。信雄も勧めるが家康は拒絶する。天正十四年になって、秀吉は再び出兵の準備をするが、信雄が仲裁に入る。信雄は秀吉にとっては主君の子、家康にとってはかつての同盟相手の子だから、二人ともその面子《メンツ》を立てなければならないということもあった。

家康にしてみれば小牧山で戦った二年前とは違って、いまや秀吉は周囲をすべて征服して関白になっているのだから、これはやりにくい。秀吉としては、小牧山で戦ったときは昔の主君の子と主君の弟分との連合軍が相手だったから、どうもやりにくかった。だが、主君の子は自分のほうに抱き込んだ。だから、あとは家康が自分の叔父貴分であるという関係を変えればいいと秀吉は考えた。

そこで、すでに結婚していた妹・朝日姫を離婚させて、家康に嫁がせることにした。家康はいやとは言えない。秀吉は華麗をきわめた結婚式をさせた。「華麗」というのも、いま考えるのとはまた少し意味が違う。共産国の軍事パレード好きみたいなもので、経済力の誇示である。こうして秀吉の妹をもらった家康は、秀吉の義理の弟ということになった。

もう怖いものはない。秀吉は家康に挨拶に出て来いと言う。上下関係を天下に示そうというわけだ。ところが、家康は暗殺を恐れてなかなか出て行かない。そこで秀吉は、自分の母親・大政所を人質として家康に差し出した。人質というとあまりにあからさまだから、「娘の嫁入り先を母親が見たがっている」という口実にする。そう言われれば、家康としてはもう受け入れるしかない。さらに秀吉は、家康を権中納言《ごんちゅうなごん》にした。

重要なのは、本来なら家康のほうが人質を出す関係にあるということである。徳川家の記録を見れば小牧山では家康が勝ったように書いてあるが、講和の際には家康のほうが人質を出している。だから、当時の武将たちの受け取りかたとしては勝った側の秀吉、しかも関白が母親まで差し出しているのに家康が挨拶に来ないというのはあまりに礼を失しているということになる。そういう感情を引き出すところが、秀吉のうまいところである。

家康はやむをえず、大政所と朝日姫を三河の岡崎で対面させることにし、自らは大坂へ出向くことにした。秀吉の弟、秀長の屋敷に入った家康を秀吉が訪ねて、手を取って奥座敷に案内して話し合った。このとき、徳川のほうの記録では、秀吉は「おれは低い身分から成り上がったのだから、明日の面会のときはうんと威張らせてくれ」と頼んだので家康も「わかりました」と答え、翌日、登城して平伏すると、秀吉が「家康。神妙、神妙」と言ったというようなことが書いてある。だが、いくらなんでも秀吉がそんなことを頼むわけはないと考えるのが普通だろう。とにかく、徳川家にとって家康は神君《しんくん》だから、秀吉にただ平伏したとは書きたくなかったのだと思われる。

翌日、大坂では盛大なる饗応《きようおう》をし、さらに二人で入京して、秀吉は家康のために正三位《しようさんみ》を申請している。

# 第5章

# 太閤秀吉の栄華

## 九州平定と佐々成政の末路

ずっと気にかかっていた家康に正三位《しょうさんみ》を与え、後方の憂いがなくなった秀吉の次の目標は九州であった。九州には大友《おおとも》、島津《しまづ》、龍造寺《りゅうぞうじ》という三大勢力があったが、この頃には薩摩の島津が圧倒的な勢力を持ってきていた。大友宗麟《そうりん》から秀吉に援護の要請が何度もあったが、秀吉が出られないでいるうちに島津義久《よしひさ》はどんどん侵略を続け、肥後《ひご》、肥前《ぜん》、筑後《ちくご》まで支配下に収めていた。

天正《てんしょう》十三年（一五八五）十月二日、関白《かんぱく》秀吉は島津に対して停戦命令を出すが、「島津家は頼朝《よりとも》以来の名門である。秀吉など由緒《ゆいしょ》不確かな人間ではないか」とこれを無視した。秀吉は歌人としても有名な細川幽斎《ほそかわゆうさい》（藤孝《ふじたか》）や茶人の千宗易《せんのそうえき》（利休《りきゅう》）を派遣して島津の家老・伊集院忠棟《いじゅういんただむね》に交渉にあたらせたが、島津は「われわれは九州で大友と戦っているだけである」と答えるのみであった。この返事を持ってきた使者に秀吉は一万両を与え、大坂城の天守を見せたり、茶の湯などしてもてなし、「肥後・豊前《ぶぜん》の半分、筑後は大友、肥前は毛利、筑前《ちくぜん》は京都直轄《ちょっかつ》とする」という返書を渡すが、島津義久はこれを無視し、むしろ秀吉の攻撃に備える態勢をとった。

そこで天正十四年、秀吉は長宗我部信親《ちょうそかべのぶちか》（元親《もとちか》の息子）と仙石秀久《せんごくひでひさ》を九州に派遣し、初めて島津軍と一戦を交えたが、中央軍との最初の戦いに意気上がる島津の前に長宗我部・仙石の連合軍は大敗し、長宗我部信親は戦死、仙石秀久は所領を没収されて高野山《こうやさん》に謹慎させられた（戸次川《へつぎがわ》の戦い）。

天正十五年三月、秀吉は本格的な九州征伐に乗り出す。このとき、秀吉は島津を勅命《ちょくめい》で諭《さと》して、勅命で戦い、勅命で許すという形をとっている。つまり、官軍として出兵したわけである。これは南北朝《なんぼくちょう》以来のことであった。後陽成《ごようぜい》天皇は詔勅《しょうちょく》を出して秀吉の戦勝を祈らせている。

勝つに決まっている戦いであったから、秀吉軍の軍装は華麗を極め、九州に行く途中もまるで遊山《ゆさん》のようで、備後《びんご》で元の将軍・義昭《よしあき》に会ったり、風景を楽しみながら厳島《いつくしま》で和歌の会を催したりしている。このとき、秀吉が詠《よ》んだ歌が「聞きしより　眺めに飽かね厳島　見せばやと思ふ雲の上人《うへびと》」。この美しい厳島を天皇に見せたいものだ、という歌である。

戦いは一方的に大軍の秀吉が勝つ。島津義久は伊集院忠棟を人質として秀長《ひでなが》の軍営に送り、降参している。義久は頭を剃って龍伯《りゅうはく》と名を改め、薩摩の泰平寺《たいへいじ》で秀吉に謁見《えっけん》した。

この頃は負けたほうはみな殺されるに決まっていたから、義久を輿《こし》に乗せて運んでいた連中がみな逃げ出して、義久は輿に乗れなかったという。しかし秀吉は義久に薩摩、弟の義弘《よしひろ》には大隅《おおすみ》、義弘の子の久保《ひさやす》には日向《ひゅうが》を与えると申し渡した。元来の島津家の勢力範囲はこれを認めてやるというわけである。

負けた敵の領地を安堵してやるというのは当時、たとえば信長までは絶対に例のないことであった。しかも降参してきた義久に秀吉は自分の刀を授け、和平のしるしの酒を出した。義久が毒ではないかと躊躇《ちゅうちょ》すると、秀吉はお互い空の盃をほそうと言った。これで島津家は完全に秀吉の虜《とりこ》になってしまった。

このとき泰平寺で秀吉は、深水宗芳《ふかみずむねよし》という肥後相良《さがら》氏の重臣に「日本はもう統一したようなものだから、次は高麗《こま》、琉球《りゅうきゅう》を討ちたいと思う。お前、歌をつくってみろ」と言ったら、宗芳が「草も木も　なびきしたがふ　さみだれの　雨の恵みは高麗百済《くだら》まで」と詠《うた》ったので、秀吉はたいそう喜んだという。すでに秀吉の頭には次の大陸進攻があったのである。

九州の処分は以下のように決められた。豊後は大友、筑後柳川城《やながわじょう》を立花《たちばな》、肥前四郡は龍造寺、豊前六郡は黒田《くろだ》。対馬《つしま》国は宗《そう》氏に安堵された。注目すべきは、毛利元就《もうりもとなり》の一族である小早川隆景《こばやかわたかかげ》に筑前・筑後・肥前一郡を与えていることである。これは、北九州を明《みん》への侵攻の基地とするためだったという説もある。

さらに、戦乱のため焦土《しょうど》と化していた博多《はかた》を秀吉は惜しんで、箱崎《はこざき》（現福岡市東区）に陣を構えていたとき、石田三成《いしだみつなり》たちに復興を命じ、その後の博多の繁栄のもとを築いた。

面白いのは、佐々成政《さっさなりまさ》に肥後熊本城を与えたことだ。そのときに、秀吉は「三年間、古い制度に手をつけるな」と言ったのに成政はそれを守らなかったから、さまざまな揉《も》め事《ごと》が起こった。肥後というのは永正《えいしょう》年間に菊池《きくち》氏が衰えてからいくつもの勢力が割拠して、非常に不安定なところだったらしい。だから性急な政策は慎むように言われていたにもかかわらず、早速、検地を始めたために一揆が起こった。

騒ぎがあまりに大きくなったものだから翌天正十六年（一五八八）の正月、加藤清正《かとうきよまさ》、浅野長政《あさのながまさ》、小西行長《こにしゆきなが》に二万の兵を与え、さらに小早川隆景、黒田如水《じょすい》（官兵衛《かんべえ》）に協力させてようやく一揆を鎮圧した。

佐々成政は大坂に出向いて謝罪の意を示したが、一揆を自力で鎮めることができず、しかもみだりに自分の国を出たというので尼崎で自害させられた。成政の死後は清正に熊本二十五万石、小西行長に肥後の宇土《うと》二十四万石が与えられている。

佐々も柴田勝家《しばたかついえ》と並んで勇猛で聞こえ、前田利家《まえだとしいえ》とも絶えず対立するくらい勢力があった武将だが、勝家とともに秀吉と戦って降参し、許されたばかりかついには肥後五十万石を与えられたのに、それを治めかねて、末路はこういうことになった。これもやはり、信長という大物がいなくなって実力が明らかになった一例ではないかと思う。

## 勢力を拡大するキリスト教の処遇

このとき、キリスト教の問題が出た。九州には大友宗麟、有馬晴信《ありまはるのぶ》、大村純忠《おおむらすみただ》をはじめキリシタン大名が多かった。彼らは天正十年（一五八二）、有名な遣欧《けんおう》少年使節団を長崎からローマに送っている。

ちなみに、ローマに着いた使節を現地の神父は「日本人は正直敏速、義を好んでよく戦う、アジア第一の民族である」と教皇に紹介している。

この使節団は、天正十八年（一五九〇）七月に帰っている。九州のキリシタン大名は、こういう使節を送りだすくらい熱心だった。大友宗麟など、洗礼名・フランシスコを漢字で書いたり、ローマ字の朱印をつくったりしていたが、キリスト教信仰に深入りして国が乱れてしまった。島津はその状況を知っていたから、北九州を攻めるときは戦略上、宣教師に手厚くした。宣教師も、島津の軍隊には抵抗するなと言っていたようだ。

秀吉は元来、信長よりもキリスト教にはさらに友好的だったように思えるが、天正十五年（一五八七）六月十九日、突如、バテレン追放令を出した。「宣教師は二十日以内に去れ」というものだ。これは哀願されて先伸ばしにするが、秀吉は禁令第一条で「日本は神国である」と言い、第六条では「国に妨《さまた》げがなければ交通する分にはかまわない」と言っている。要するに、貿易はよいがキリスト教が広まることだけは抑えるというものだ。

統治者に反して神に従う恐れがあるのではないか、というのがキリスト教を嫌った理由のようである。九州で、キリスト教徒たちが神社仏閣をどんどん壊しているのも見たらしい。だが、宣教師と一緒に来た外国人たちが日本人を奴隷として売っていることが一番秀吉の癇《かん》に障《さわ》ったという説が有力である。たしかに、秀吉はそのことに激しく怒ったようだ。

天正十六年には教会領だった長崎を没収して天領《てんりょう》とし、日本人の寺沢広高《てらざわひろたか》や藤堂高虎《とうどうたかとら》に任せ、鍋島直茂《なべしまなおしげ》に外国人取締りを行わせた。このとき以来、徳川時代を通じて長崎は九州の大名が交代で治めることになった。

十七年に京都の南蛮寺《なんばんじ》を増田長盛《ましたながもり》に焼き払わせたりもしているが、そのあともこっそり布教は行われ、取り締まりはあまりうるさくなかったようだ。黒田如水、小西行長もキリシタン大名でいろいろな情報を宣教師に与えていたけれども、秀吉はそれを咎《とが》めていない。安全な人間、あるいはうんと役に立つ人間はおかまいなしということだったのではないか。

## 秀吉の大仏が辿った数奇な運命

秀吉は平和政策でも注目すべきことを行っている。

一つは文禄《ぶんろく》四年（一五九五）、京都東山の地に方広寺《ほうこうじ》大仏殿を建立《こんりゅう》したことである。

その理由はいろいろ言われている。永禄《えいろく》十年（一五六七）、松永久秀《まつながひさひで》が、三好《みよし》三人衆が陣を敷く東大寺《とうだいじ》を攻撃したとき焼き払ったといわれる奈良の大仏殿がまだ再建されていないからであるとか、京都を賑《にぎ》やかにするためだとか、自分が一代にして人臣《じんしん》を極めたのも前世の因果だからこれに報いるためだとか、あるいは子孫繁栄のためであるとか。

もちろん、自分の功績を末代まで残したいという気持ちもあっただろう。もっと現実的な理由として考えられるのは、民間から集めた武器を鋳潰《いつぶ》して大仏殿に使ったということである。

秀吉は天正十六年（一五八八）に刀狩りの令を出し、十七年から実施している。百姓が武器を持つことに対して、武士が好意を抱くはずがない。落武者となったとき、百姓がいかに怖いかということは黒澤明の映画『七人の侍』でもうまく描かれていた。もちろん、一揆など領主から見ればあるまじきことだ。

だから刀、脇差《わきざし》、槍、鉄砲など、民間が持っている武器はすべて供出させた。そういうものを大仏殿の釘や鎹《かすがい》に使う。「そうすれば人殺しの道具も、その功徳《くどく》は来世まで残る。百姓は農具だけ持てば子孫は繁栄するのだ」というようなことを秀吉は言っている。秦《しん》の始皇帝《しこうてい》が戦国を統一したときに天下の武器を没収し、巨大な像をつくったという話があるが、秀吉の頭にもそれがあったのかもしれない。

秀吉が建てた「京の大仏」はいまでは焼失して奈良の大仏ほど有名ではないが、当時としては大事業だった。

そのために、薩摩の島津義弘は屋久島《やくしま》から木を伐《き》り出して送っている。棟木《むなぎ》に使うのになかなかいい木材がないというので、家康に命じて富士山の山麓から伐採させている。ぐずぐずしていた紀州の山奉行が首を刎《は》ねられたというようなこともあったらしい。石垣も、小さいものでは盗まれる恐れがあるから盗めないような大きな石を集めろという。たとえば、蒲生氏郷《がもううじさと》は三井寺《みいでら》の山頂から二間《けん》（約三・六四メートル）と四間の巨石を運び出し、これを緞子《どんす》で包み、笛太鼓で拍子をとり、着飾った芸者たちを石の上で踊らせてみんなに曳《ひ》かせた。秀吉も石に上って木遣《きや》りの声を出したという。とにかく派手にお祭り騒ぎをした。

初めは五奉行の前田玄以《げんい》を中心に事業が進められたが、前述の高野山の木喰《もくじき》上人応其《おうご》が方広寺造営の大きな力となっている。

この方広寺という名前は、『華厳経《けごんぎょう》』のなかに「方広仏」（広大なる仏）という言葉があり、そこからとったらしい。大仏は銅ではなく木骨《もっこつ》を膠《にかわ》で固め、漆《うるし》に金箔を貼ったものだったが、とにかく巨大で高さは十九メートルあったという。完成までの間に家康との戦いと講和、九州征伐、小田原の役《えき》などがあった。

だが慶長《けいちょう》元年（一五九六）に起こったいわゆる伏見《ふしみ》の大地震で、本堂は無事だったものの本尊の大仏は倒壊した。そして秀吉の死後、慶長七年（一六〇二）には火事に見舞われる。秀頼《ひでより》が父・秀吉の遺志を継いで再建している途中、鞴《ふいご》からの火で焼けてしまったのだ。当時の文献には、「六十余州の山木、三刻（六時間）のあいだ相果《あいは》てる、太閤《たいこう》のご威光まったく滅《めつ》しいたった（消えてしまった）」という記事がある。これは大事件だったようだ。

秀頼は慶長十五年（一六一〇）から再び大仏殿の造営にとりかかり、銅製の大仏が完成するが、それにあたって慶長十九年につくられた梵鐘《ぼんしょう》の「国家安康《こっかあんこう》　君臣豊楽《くんしんほうらく》　子孫《しそん》殷昌《いんしょう》」という銘に家康が文句をつけ、大坂の役のきっかけになったことはよく知られている。

家康は元来、秀頼に父の太閤が集めた莫大《ばくだい》な財貨を消費することを勧めた側だった。しかし大坂側が勝手に鐘銘《しょうめい》をつくらせ、棟札《むなふだ》を書かせたことを不快に思っていたらしい。その大仏供養の準備が、天台宗《てんだいしゅう》から五百人、真言宗《しんごんしゅう》から五百人の僧を動員するなど大仰《おおぎょう》であったことも不快の理由だった。そこに慈眼大師《じげんだいし》天海《てんかい》か南禅寺の金地院崇伝《こんちいんすうでん》か、学問のある者が「この鐘銘には家康公を調伏《ちょうぶく》する（呪いによって倒す）意図が込められている」と家康に告げた。一説には、天海がこの鐘銘を入れさせたのだという陰謀説もある。

そこで家康は、五山《ござん》の僧や儒学者の林羅山《はやしらざん》にこの鐘銘を詮議《せんぎ》させたのである。この鐘銘をつくったのは当時の漢文の第一人者、清韓《せいかん》長老（文英《ぶんえい》清韓）であった。彼に対する嫉妬《しっと》もあってか、全員が「調伏が込められている」という主旨の返答をしている。その理由として呆れるほどたくさんのことが挙げられているが、「国家安康」で家康の名を分断したことが一番強力な批判になっている。

ついでながら、その後の大仏の話を付け加えておくと、寛文《かんぶん》二年（一六六二）の地震で壊れ、また木造で造り直されることになった。このとき壊れた大仏の銅は、徳川幕府の老中・松平定信《まつだいらさだのぶ》が残らず通貨である寛永通宝《かんえいつうほう》の鋳造《ちゅうぞう》に使ってしまった。さらに寛政《かんせい》十年（一七九八）七月に落雷に遭って燃えてしまい、以後、二度と再建されることはなかった。

## 「金銀も用いざれば瓦や石に同じ」

天正十五年（一五八七）、北野の大茶会が催された（北野大茶の湯《きたのおおちゃのゆ》）。東山時代に足利義政《あしかがよしまさ》が四畳半を考案し、「わび茶」を広めたが、秀吉の場合はその逆で、国民とともに華やかに茶の湯を楽しんだ。

公家《くげ》、諸大名、茶人に茶会開催の案内状を出しただけでなく、洛中《らくちゅう》・奈良・堺に高札《こうさつ》を立て、「貴賤《きせん》富貧に関係なし。町人であろうが百姓であろうが若党であろうが、釜一つ、釣瓶《つるべ》一つ、呑物一つ、茶道具がなければかわりになるものを持ってくればいいから誰でも参加せよ。自分もこれまで集めた名品を飾る」と参加を呼びかけた。話を聞いて、田舎から出てきた者もいたという。

組み立て式の黄金の茶室を持ち込んで秀吉自ら茶を立て、当代きっての茶人である千利休、津田宗及《つだそうぎゅう》、今井宗久《いまいそうきゅう》も茶を立てた。茶屋の数は一千五百あったと言われている。

こんなことをした者はそれまでいなかったわけで、当時の民衆がいかに喜んだか。いい意味の文化革命だったろう。この年に九州が平定されたのもきっかけだった。京都に平和が戻った象徴としての派手な行事としては、信長のときは馬揃《うまぞろ》えがあったが、この北野の大茶会は平和的な大事件だった。誰でも彼でも集まってワッショイワッショイ騒ぐという習慣は、このとき始まったのではないだろうか。のちの江戸の花見の起源もここにあるのではないかと思われる。

また、秀吉は金銀をバラまいた。初めて大判の鋳造を行った秀吉は「黄金大名」と呼ばれたが、太田牛一《おおたぎゅういち》による伝記にも「秀吉公出生以来、日本国に金銀山野に湧《わ》き出《いで》」とある。この頃は金銀の産出が物凄く多かった。秀吉は信長と同じく、金山銀山に奉行を置いた。ほかの大名の所領でもかまわない。たとえば石見《いわみ》銀山は毛利家の領地にあるが、代官は毛利家と秀吉の両方で司《つかさど》る。こうして、昔は金を見ることができなかった田夫野人《でんぷやじん》（教養のない田舎者）も金を扱うようになった。

天正十七年（一五八九）五月二十日には、聚楽第《じゅらくてい》（後述）で「金配り」を行った。二町（約二百メートル）にわたって金銀を台に積み、大名や公家に大判小判をどんどん配った。皇弟《こうてい》（天皇の弟）と信雄《のぶかつ》と家康には金一千両・銀一万貫、秀長に金三千両・銀二万貫、秀次《ひでつぐ》には金三千両・銀一万貫という具合で、配った金額は総計三十六万五千両に達したという。このとき秀吉は、「多くの金銀を積むも、用いざれば瓦や石に同じ」だと言っている。だからみんなに分けて、その家を賑やかにしてやろうということである。この頃の秀吉は輝いていた。

## 聚楽第に天皇行幸

秀吉が行ったもう一つの平和的大事業は、聚楽第の建設である。平安京の大内裏《だいだいり》のあとに造った邸宅で、天正十四年（一五八六）に着工し、翌年、完成した。政治的には大変な時期で、家康や九州を相手に風雲急を告げていたが、それでも秀吉は聚楽第を建てたかったのだろう。

「聚楽」という言葉はシナには存在しない、と明治の歴史学者・田中義成《たなかよしなり》博士も言っている。強いて言えば、シナの『光鄴伝《こうぎょうでん》』に「賓客《ひんきゃく》と飲酒して、書を聚《あつ》めて楽と成す」からきたものかもしれないという。跡継ぎに予定されていた秀次が文雅《ぶんが》を好み、書物を集めていたからではないかという説もある。私も調べてみたが、たしかに「聚楽」という言葉はない。しかし、たとえば頼山陽《らいさんよう》の『日本外史《にほんがいし》』には「聚議《しゅうぎ》」という言葉が使われている。これは多くの人が集まって相談するという意味である。それから、集まって泣くという意味の「聚哭《しゅうこく》」、集まって観るという意味の「聚観《しゅうかん》」という言葉がある。だから、集まって何かをするという意味の言葉に使えるのではないか。おそらく「聚楽」も、みんなで集まって楽しむということだろう。

完成から八年後に取り壊されてしまったので、その壮麗さも詳しくはわからないのだが、「言語の及ぶところにあらず」というのが当時の記録にある。秦の阿房宮《あぼうきゅう》や漢《かん》の未央宮《びおうきゅう》に匹敵《ひってき》するのではないかとも言われた。これに倣《なら》って、大名たちも競って華美をきわめた邸宅を建てた。天下人《てんかびと》が贅沢《ぜいたく》するものだから、みんなが贅沢しても咎められない。

これが江戸時代と違うところである。

そして永享《えいきょう》九年（一四三七）に後花園《ごはなぞの》天皇が足利義教《よしのり》邸を訪問して以来、百五十年ぶりに後陽成天皇の行幸《ぎょうこう》があった。秀吉は故実《こじつ》を調べ、義教は門外に出て後花園天皇を迎えたが、秀吉は御所まで自分が参内《さんだい》してお迎えにあがり、後陽成天皇について聚楽第に入った。「尊皇の姿を示すこと前例なし」と言われている。

そして皇室には五千五百三十両を御供物料として出し、上皇や皇弟には米八百石、それから親王、公家たちに八千石、さらに宮中の女御《にょうご》たち、典侍《てんじ》たちにも五十石、百石を配っている。このときも秀吉は、「人は死んでから財産を分けるが、自分は盛んなうちに領地、財産を上下に与えるのがまことの心だと思う」と金配りのときと同じ意味のことを言っている。戦国以来、こんなことはなかった。遠い平安時代の噂に残っているくらいの話だろう。

もちろん政治的な意図もあって、二十九人の主な大名に「子子孫孫まで皇室に仕え、天皇に忠誠を誓う」という文書を出させている。それはとりもなおさず、関白太政大臣《だじょうだいじん》になっている秀吉に忠誠を誓うということにほかならない。徹底的に天皇を奉《たてまつ》り、その下で命令するというのが秀吉の立場だからである。このあと、九州を平定するときも、先述のように尊皇の大義をふりまわして官軍になっている。徳川幕府の儒者である林羅山などは、「秀吉は天皇を利用していろいろなことをした」と言っているが、戦国時代には衰微《すいび》の極にあった皇室にとっては、秀吉のやり方は非常に嬉しいことだったと思う。

## 太閤検地と仏教対策

政治のほうで徹底して行ったのは太閤検地である。これは、信長が始めたのを全国的に徹底したわけだ。戦国の群雄割拠のあとは、各大名家によって税法もみんな違っていた。それで尺度も決めた。秀吉はこのとき、曲尺《かねじゃく》六尺平方を一歩《ぶ》とし、三十歩で一畝《せ》とした。一畝は約一アールになる。十畝で一反《たん》、十反で一町《ちょう》。田畑も上・中・下と分けて年貢の率を変えた。升《ます》も地方によってまちまちだったのを京升で統一する。尺貫法《しやっかんほう》、度《ど》量衡《りょうこう》を定めるというのは大変なことである。

年貢は二公一民。三分の二が「公」だから、税率はかなり高い。ただ、これは検地を行った田圃《たんぼ》だけで、それ以外には適用されないから農民に余裕はあったと思う。

検地を行う際には民衆に迷惑をかけてはいけない、お金も絶対に受け取るなという厳重な命令を秀吉は出している。天正十三年（一五八五）から文禄四年（一五九五）までの約十年間に一揆の騒動は一度もなかったから、これは不思議なくらいの成功だった。

信長に比べると、旧仏教に対しては非常に妥協的だった。その宗教政策は、仏教に関しては信長の弾圧策とは反対と言っていいかもしれない。だが、信長のやったことをすぐにひっくり返すようなことはせず、徐々に緩和していくやりかたをした。

たとえば、比叡山《ひえいざん》の僧侶たちは信長のせいで散り散りになり、武田信玄《たけだしんげん》に頼る者もいた。本能寺で信長が亡くなると散った者たちは大喜びで帰ってきたが、秀吉は信長の死後しばらくは比叡山の再興を許さなかった。天正十一年（一五八三）になり、朝廷に再興を認める動きが出てくると、小牧《こまき》・長久手《ながくて》の戦いがあった翌年、その再興を許し、一万貫を寄附し、皇室の尊朝法親王《そんちょうほうしんのう》を天台座主《てんだいざす》（比叡山延暦寺《えんりやくじ》の住職）にしている。信長の焼き討ち以来、十二年後のことである。施薬院全宗《せやくいんぜんそう》という元比叡山の坊さんで医者になった者が、さらに秀吉の祐筆《ゆうひつ》として、比叡山復興のアドバイスをした。キリシタン禁止令にも彼の助言が効いたようだ。

高野山も、信長は信孝《のぶたか》に攻めさせて潰すつもりだったらしいが、途中で本能寺の変が起こったのでこれを免《まぬか》れた。秀吉が柴田勝家を討つと、高野山は「北国平定おめでとうございます」という賀状を送ったりしているが、秀吉のほうは家康と小牧・長久手で戦っているときに高野山が足を引っ張ったことを知っているので、先述のように天正十三年に紀州に攻め入り、降伏を勧めている。そのときに、木喰上人応其がうまく話をまとめた。

その後の文禄二年（一五九三）には一万両を出して母親（大政所《おおまんどころ》）の菩提寺《ぼだいじ》を建立し、応其を住職にした。母親の髪を納めたので剃髪寺《ていはつじ》と呼ばれたが、のちに青巌寺《せいがんじ》と名を改めた。母親の三回忌には「弘法入滅七〇四年」ということで、壊れた二十五のお堂を修理して殿堂を建て直させる。このように、秀吉は高野山を非常に好意的に扱った。

奈良東大寺、興福寺《こうふくじ》など、大和《やまと》はもともと寺社領の勢力が強く、日本中に守護地頭《じゅごじとう》を置いた源頼朝も大和には置けなかったほどだった。ところが信長はこれを圧迫し始め、この頃、寺社は逼塞《ひっそく》していたが、秀吉は逆に優遇した。

天正十三年（一五八五）には弟の秀長に命じて春日《かすが》神社を再興させ、興福寺に対しては金がかかるので久しく取りやめになっていた年中行事、維摩会《ゆいまえ》（維摩経を講ずる法会《ほうえ》）を復活させている。

信長と敵対していた本願寺《ほんがんじ》も本能寺の変のあと、門主《もんしゅ》の顕如《けんにょ》（光佐《こうさ》）は秀吉に近づいている。天正十一年の賤ヶ岳《しずがたけ》の戦いのとき、秀吉は越中《えっちゅう》の本願寺宗徒を使って勝家を制しようとし、代わりに加賀の寺領を元通りにしてやろうと約束している。実際にどれくらい動いたかはわからないが、勝家の足を引っ張るほうに動いたのはたしからしい。天正十七年になると大坂の天満《てんま》に堂塔や住宅もつくらせているし、天正十九年には京都堀《ほり》川六条《かわろくじょう》にいまの西本願寺を建てるのを許している。

## 小田原北条氏の抵抗

秀吉が関白となり、伊勢《いせ》・紀伊《きい》を制し、四国を平らげ、家康をも手なずけ、そして九州も平定したあと、秀吉に従わないのは小田原の北条《ほうじょう》氏のみであった。念のために、本能寺の変以降の関東の様子を見てみよう。

信長は甲斐《かい》に河尻秀隆《かわじりひでたか》を置いたが、信長が討たれると旧武田遺臣たちの国人《こくじん》一揆が起こり、河尻は殺されてしまう。信濃《しなの》には森長可《もりながよし》と毛利秀頼《ひでより》がいたが、ここでも旧武田勢の反乱が起こって森は美濃《みの》に逃れた。滝川一益《たきがわかずます》は上野《こうずけ》に侵攻してきた北条氏直《うじなお》に大敗して、伊勢長島《ながしま》に逃げ帰る。信長亡きあと、関東・中部地方に派遣されていた信長の武将たちは総崩れになった。

空白地帯となった甲斐・信濃・上野に、徳川家康と北条氏直が侵攻する。それから越《えち》後《ご》の上杉景勝《うえすぎかげかつ》は川中島を取り、さらに北信濃四郡を占領した。北条氏直は信濃の諏訪郡と佐久《さく》の一部を取る。信長が倒れたあとの関東は、徳川、北条、上杉三者の取り合いになった。

甲斐では北条氏直と家康が数カ月、対陣したが勝敗が決まらない。そこで、家康が甲斐すべてと信濃の大半を取り、北条は上野を領有することで和睦《わぼく》が成立した。

重要なのは、信長とは反対に家康が甲州武士を抱え込んだことだ。その最大の理由は、家康が子供の頃から大切にしていた、酒井忠次《さかいただつぐ》とともに二本の大黒柱だった忠臣・石川《いしかわ》数正《かずまさ》が秀吉に寝返ったことである。徳川の戦いのやり方がすべて秀吉に筒抜けになるので、家康は甲州の一団を軍事的に引き継ぎ、信玄の戦い方を参考に軍略を変えようとしたのである。

家康が戦場でこてんぱんにやられたのは、三方ヶ原《みかたがはら》で信玄の甲州勢と戦ったときだけである。それだけに、信玄のやり方には尊敬心を持っていた。甲斐の郡代の鳥居元忠《とりいもとただ》に命じ、信玄が出した軍法に関する書き付けや武器や兵具をすべて集めさせて井伊直政《いいなおまさ》、榊原康政《さかきばらやすまさ》、本多忠勝《ほんだただかつ》に研究させ、家康に降伏してきた武田衆は井伊直政に預けた。のちに有名になる「井伊の赤備《あかぞなえ》」（鎧や武具を赤で統一した部隊）はここに起源がある。

そして、武田衆に対して家康は「私は他人だが、信玄公の軍法を信じてわが家の軍法とするのだから、自分は信玄公の子供と同じである。お前たちは私を信玄公の子供と思って奉公せよ」と言って、武田衆の前では常に信玄に対する尊敬の念を示したという。武田勢を根絶やしにしようとした信長との違いであり、天下を取った人間の器量を示している。

家康と和睦した北条は、とりあえず秀吉とも和議を結ぼうとした。

天正十六年（一五八八）、北条氏直は家康に調停を頼み、氏直の叔父《おじ》・氏規《うじのり》が上洛して秀吉に面会した。そのとき、一座の者は秀吉の下で官位を持っているから、みな衣冠束帯《いかんそくたい》の姿だった。氏規だけ無官で、烏帽子《えぼし》に直垂姿《ひたたれすがた》でまともな客の座につけない。だから、盛大にもてなしたけれども盛大に侮辱《ぶじょく》したとも言える。

秀吉は、氏政《うじまさ》・氏直父子の上洛を要求した。氏直は家康との話し合いで、信濃を譲歩した代わりに上州の沼田《ぬまた》をもらうはずだったが、領主・真田昌幸《さなだまさゆき》が拒否しているので、これをなんとかしてほしいと答えた。秀吉は「八万石のために遠くまで兵を送るようなことはできない」と、あくまで上洛を強要する。

真田昌幸は、沼田城の支城である名胡桃城《なぐるみじょう》の土地には真田家の墓があるから、これを除けば北条に渡してもいいと言っていた。それで沼田城を北条に渡し、ここに北条氏邦《うじくに》が入ったが、城代の猪俣邦憲《いのまたくにのり》が、名胡桃城にいた昌幸の家臣・鈴木重則《すずきしげのり》を偽の手紙で信州に呼び出し、その隙《すき》に名胡桃城をも取ってしまった。

昌幸が秀吉にこのことを訴えると、北条は「これは部下が勝手にやったことで、われわれは知らなかった」と謝罪した。秀吉は「それなら父子で出て来い」としきりに促《うなが》すのだが、「家康を上洛させるときは自分の妹をあげたり、母親を人質同然に渡したりしているのに、自分たちに対しては懲罰的なのはどういうことか」と結局、秀吉との戦闘準備に入る。秀吉も「名を正さん」と、官軍として小田原征伐を決意する。

このときの小田原に対する宣戦布告の文書があるが、これは右大臣・菊亭晴季《きくていはるすえ》と相国《しょうこく》寺《じ》の長老、西笑承兌《さいしょうじょうたい》に書かせている。その名分として、次のようなことがあげられている。

一、公儀を無視して上洛しない。二、家康のとりなしで許し、さらに上洛を勧めたのに出てこない。三、真田の名胡桃城を取った。自分は一兵卒から身を起こし、一言も嘘をつかず信を天下に失わずやってきた。それでいま天下を握っている。われわれは勅命を奉じて討つ。

この宣戦布告の文書を各大名にも配っている。このなかで自分の経歴も述べ、自分が偉くなったのは人の力ではなく天授であるということを知らせる外交的文書にもなっていた。

秀吉は天正十八年（一五九〇）三月一日に、小田原征伐に出発した。三月一日というのが秀吉は大好きで、九州征伐のときもそうだった。官軍だから、天皇からの任命のしるしである「節刀《せっとう》」を賜《たまわ》っている。秀吉好きの後陽成天皇は、門前の桟敷《さじき》に上がって出陣をご覧になり、秀吉は馬を下りて桟敷にあがり、お暇《いとま》を告げたという。

そして三月九日にいったん家康の駿府城《すんぷじょう》に入り、「草薙《くさなぎ》の宮」の所在を尋ねて参拝している。『古事記』によれば、このあたりの焼津《やいづ》で日本武尊《やまとたけるのみこと》は賊軍に野火《のび》で焼き殺されかけたときに、倭姫命《やまとひめのみこと》から預かった天叢雲剣《あまのむらくものつるぎ》で草を薙《な》ぎ払って敵を倒している。素戔嗚尊《すさのおのみこと》が出雲《いずも》で八岐大蛇《やまたのおろち》を退治したときに尾から出てきたという天叢雲剣は、このときから草《くさ》薙剣《なぎのつるぎ》と呼ばれるようになったのだが、それを記念する草薙の宮というものがあったらしい。

そういうところを出陣の途中で訪ねているのだ。九州征伐のときもそうだったが、秀吉は遊山気分なのである。このとき、次のような和歌もつくっている。

「いにしおう　かみむや思い忘れずば　我が行く末の恵みたのもし」

## 恩義と名分を重んじた北条氏

小田原は北条早雲《そううん》以来、何代も名君が続いたところだけあって、ほとんど謀反者《むほんもの》を出さず、みなよく戦った。ただ家老の松田憲秀《まつだのりひで》は秀吉に通じ、笠懸山《かさがけやま》（石垣山《いしがきやま》）に登ると小田原城が丸見えになることを教えたものだから、あの一夜城として有名な石垣山城を造った。

このとき、秀吉は大海軍部隊を動員して、下田《しもだ》や田子《たご》の浦《うら》を海から攻め落としているが、小田原城はなかなか落ちない。京都でもいろいろすることがあるから、ここは家康に任せて一度引き上げようか、と小早川隆景と相談をした。

小早川隆景は、高松城《たかまつじょう》の水攻めのときの毛利側の大将だったが、秀吉が本能寺の変の報を聞いて急いで京へ引き返したことを知って、秀吉を追撃せんとした毛利軍を思い留まらせた。以来、秀吉は隆景に絶大な信用を寄せて大切にしていたわけだが、その小早川隆景が「勝ちは見えているのだから、兵が倦《う》んでいるのなら攻めるのをやめ、長陣《ながじん》を用意して歌舞音曲《かぶおんぎょく》でもやったらどうでしょう。戦わずして人を屈するということもあります」と答えた。

秀吉も「それはいい考えだ」というので、陣地に松竹梅を植え、畑で野菜をつくり、日本国中から商人を集めて、朝鮮の珍しいものや京都・堺の絹織物を売る店などを出させた。さらに、京都からも田舎からも遊女が集まって遊女屋が軒を連ねた。ある侍が、「この陣地に居れば、一生を送っても退屈あるべからず」と言ったという。秀吉自身、北政所《きたのまんどころ》に書を送り、淀君《よどぎみ》を戦陣に招いている。

秀吉は去る天正九年（一五八一）に二万の軍勢で鳥取城《とっとりじょう》を攻めたときにも、周囲二里にわたって塁柵《るいさく》や塹壕《ざんごう》を設け、営内に市を開いて兵士の給養《きゅうよう》を豊かにして城を囲んだ。城中は飢餓状態になって落城した。小田原の場合は、このアイディアをさらに大規模にしたものと言えよう。必ずしも小早川隆景の提案ではなかったかもしれない。

秀吉が小田原に動員した軍勢は二十六万と言われている。ロジスティックス（兵站《へいたん》）を担当したのはこのとき頭角を現した長束正家《なつかまさいえ》で、伊勢・三河《みかわ》・尾張《おわり》・遠江《とおとうみ》・駿河《するが》の米を買い占め、兵糧二十万石を小田原の近くの港に運送させた。さらに黄金一万枚を用意していたから、いくら長く滞在しても大丈夫だった。

一方、北条氏政は昔のことを覚えている。この小田原城は謙信《けんしん》に攻められたこともあるし、信玄に攻められたこともあるが、曠日彌久《こうじつびきゅう》の策で常に追い払ってきた。これは有名な言葉で、「日を空しうして久しきにわたる」、つまり、なすことなく長い月日を過ごすという意味である。城攻めがあまりに長引くため、謙信、信玄であろうと空しく引き返さざるを得なかった。

信長、家康、秀吉だって同じだと北条はたかをくっていた。ところが秀吉は下っ端から身を興《おこ》しただけあって、戦闘における食糧の重要性をよく知っていた。ロジスティックスを絶対大丈夫なようにしておいたわけだ。

前田・上杉を主力とする北方方面軍や、浅野長政らの下総《しもうさ》方面軍は、破竹《はちく》の勢いで片端から北条の支城を落としていった。ただ、石田三成が忍城《おしじょう》を攻めたとき、秀吉の高松城の水攻めの真似をしたが、堤防が決壊して、攻めた三成勢のほうが二百七十余人も死ぬという失敗があった。かえって泥田が増えて攻撃できず、休戦状態になった。秀吉は浅野長政、真田昌幸に応援を命じたが、ついに忍城は小田原城が開城しても落ちなかった。その後、城代の成田泰季《なりたやすすえ》（城主・成田氏長《うじなが》は小田原城にいた）は秀吉の説得によってようやく開城した。

家康が小牧山で秀吉軍の一部に勝ったことが家康の金鵄勲章《きんしくんしょう》のようにあとで言われる

のだが、石田三成には戦場における華々しい手柄がない。三成はのちに秀吉の下で腕をふるうのだが、戦場の手柄がないのがほかの武将に嘗《な》められたところではないかと思う。

結局、北条氏直は自分以外の将兵の助命を条件に降伏した。だが、秀吉は氏政とその弟・氏照《うじてる》を切腹させる。また、秀吉はどうも裏切り者が嫌いらしく、石垣山のことを教えた松田憲秀、それに松井田城《まついだじょう》で上杉・前田軍に敗れ、その後の道案内をした大道寺政繁《だいどうじまさしげ》も切腹させている。

氏直は家康の娘婿なので殺すわけにはいかず、高野山にやって五百石を与えた。最後まで韮山城《にらやまじょう》を守って戦った氏規も高野山に放つ。秀吉は氏規のような勇敢な人物が好きで、寒い時には彼には河内《かわち》に出てこさせたり、贈り物などをしたりして不自由のないように生活させ、結局、氏規は河内・狭山《さやま》に一万石をもらっている。伯耆国《ほうきのくに》も与えようとしたが、その前に疱瘡《ほうそう》で死んだ。

徳川時代も氏直の家は残って、その子孫は明治天皇の侍従《じじゅう》になっている。秀吉には、よく戦った者には「敵ながら天晴れ」という発想があった人であるが、逆に裏切り者、不忠者、臆病者を嫌った。賤ヶ岳の戦いのときも、柴田勝家とともに秀吉と戦って敗れ、落ちのびようとした佐久間盛政《さくまもりまさ》を捕えた百姓を罰している。

かくして北条早雲以来、名君が続いた北条家は滅んだ。

三代目の名君と言われる氏康《うじやす》は謙信と同盟して信玄と対抗したが、そのうち謙信頼むに足りずと判断し、武田と組むように言い残して死んだ。氏康は、息子の氏政が一杯の飯に汁を二度かけているのを見て、「飯にかける汁の量の見当もつかないやつがよき武将になれるわけがない。北条家もわしの代で終わりか」と嘆いたといわれている。

もっと真実味のある逸話としては、こんな話が残されている。あるとき、一人の旅の坊さんが「北条も長いことはないだろう」と呟《つぶや》いた。奉行が捕えてわけを尋ねると、「私は三十年前もここへ来たが、そのとき禁令はたった五カ条しかなかった。それがいまは三十カ条に増えている。これは国が滅びるしるしではないか」と答えたので許されたというのである。

氏政は遺言《ゆいごん》どおり信玄と和睦して、謙信とは関係を絶っている。ただ、信玄の武田家はすでになく、秀吉の上洛の要求を断ったのが失敗だった。やはり、自分は関東全部を抑えているという誇りがあったのだろう。とはいえ、天下の秀吉の大軍と約半年にわたって戦ったのだから、まったく無能だったとは言えない。

信長が武田勝頼《かつより》を攻めたときに、武田家が約一カ月で完全に滅亡したのと比べれば、秀吉の大軍、しかも家康が先鋒《せんぽう》の攻撃にこれほど長く耐えたのは注目すべきであろう。

このときの家康の北条家に対する批評がいい。武田信玄は偉大な武将ではあったが父親を追い払った。息子の勝頼は勇猛だが、譜代《ふだい》の武士はみんな逃げてしまった。それに比べて北条は、百日あまりの籠城《ろうじょう》の間に寝返ったのは松田憲秀のみであり、命を捨てても氏直に従おうとする者が実に多かった。早雲以来、政《まつりごと》が正しく行われ、武士たちが節義を守ったことによるものである。「武田は手段を選ばなかったが、北条は恩義と名分を重んじた」と家康は語っていたという。

## 旧領をすべて取り上げられた家康

小田原が落ちたので、関東も秀吉のものになった。秀吉は天正十八年(一五九〇)七月十三日、小田原城に入城した。そして諸将の論功行賞《ろんこうこうしょう》を行い、家康を関東に移封《いほう》した。秀吉は家康に北条の関八州《かんはっしゅう》のうち、相模《さがみ》・武蔵《むさし》・上総《かずさ》・下総・上野、それに伊豆《いず》の六国を与え、下野《しもつけ》、安房《あわ》(南房総)をその支配下に置かせた。しかし、安房には里見《さとみ》氏、上野には佐野《さの》氏、下野には宇都宮《うつのみや》氏、那須《なす》氏、常陸《ひたち》には佐竹《さたけ》氏がいる。これはいずれも秀吉が安堵しているから家康のものにはならない。だから、関八州と言ってもかなり割引きしなければならないが、さらに問題なのは、その関八州の代わりに家康先祖代々の土地である三河、そのあとに実力で取った駿河・遠江、さらに信長亡きあとに奪った甲州・信州も、秀吉はみな取り上げてしまったことだ。

ただ、家康は近江・伊勢・遠江・駿河で十万石を与えられたが、これは狩とか京都に上るときのためという理由である。だから江戸幕府の公式記録である『徳川実紀《とくがわじつき》』の編者は、「八州のうち、御領となるは、わずか四州なり」と憤慨している。

織田信雄には家康の旧領、駿河・遠江・三河を与えようと思っていたが、信雄は韮山で氏直に撃退されているくせに尾張・伊勢に固執した。そこで秀吉は「おまえは手柄も立てなかったのに何を言う。俺がやるところがいやなのか」と、下野の那須僅《わず》か二万石だけを与え、佐竹に預けて、のちに秋田に追いやってしまう。信雄の尾張・伊勢は秀次に与えている。

家康の本拠である三河は小牧山で家康に殺された池田恒興《いけだつねおき》の息子・輝政《てるまさ》に与え、これも家康の本拠、岡崎五万石は田中吉政《たなかよしまさ》、そして遠江・浜松十二万石は堀尾吉晴《ほりおよしはる》、掛川《かけがわ》五万石は山内一豊《やまうちかずとよ》、駿河・駿府十四万五千石は中村一氏《なかむらかずうじ》、甲斐は養子の羽柴秀勝《ひでかつ》、信州佐久は仙石秀久、飯田《いいだ》八万石は毛利秀頼《ひでより》に、信濃の筑摩《つかま》郡八万石は石川数正に……というように、家康の旧領はすべて取り上げて自分の部下に与えている。

三河吉田十五万石まで、それも小牧山の戦いで徳川家がその父親を討った池田輝政に取られたのだから、家康の家来たちが腹を立てるのも無理はない。しかし、ここが家康の偉いところで、家康が承知した以上、家来たちもやむをえないという気になる。

なぜかといえば、家康には常に部下よりも勇猛であるという信望があった。たとえば三方ヶ原の戦いでも自分の領地をただ逃げるのはいやだと言って、玉砕的《ぎょくさいてき》に信玄と戦っているし、姉川《あねがわ》の戦いでも一番勇敢に戦った。あの秀吉に対しても断固として戦い抜いた。家康は怖れを知らぬ大将という印象が、部下には強烈に植えつけられている。その大将が我慢して関八州をもらって箱根の山の向こうへ行くのなら俺たちもついていくしかない、という気持ちにさせた。これはやはり、武将というものは平生《へいぜい》がいかに重要かということである。

## 伊達政宗と蒲生氏郷

小田原城攻めのとき、秀吉は非常に慎重に、必要以上の軍隊を送っている。これは小田原の先を見据え、奥州《おうしゅう》まで一挙に平定することを考えていたからだろう。絶対に失敗の許されない戦いだったからである。

奥州はやはり遠い。そこで秀吉はいろいろ考えて、奥州を治めるには会津を抑えればよい、そのためには伊達政宗《だてまさむね》を服従させる必要がある、この二点に注目した。陸奥《むつ》は伊達、出羽《でわ》は最上義光《もがみよしあき》と大きく分け、伊達からは会津を取り上げる。伊達はその頃、上野・下野まで進出していて、下野の那須や上野の館林《たてばやし》の城主たちも伊達の臣下になりたがっていた。

小田原城攻めに参戦するよう秀吉から何度も催促されていたのに、政宗はずっと迷っていた。片倉小十郎《かたくらこじゅうろう》（景綱《かげつな》）という立派な家臣が、「秀吉は朝廷を背景にして諸方に号令しています。グズグズしていれば官軍に背《そむ》くことになります」と説得して政宗もようやく重い腰を上げ、「七草を一葉に寄せて摘《つ》む根芹《ねぜり》、仙道七郡を握り取ったり」という歌までつくって小田原に出てきた。

ただ、あまりに遅かったので秀吉はすぐには会ってくれず、前田利家に詰《なじ》られたりするのだが、政宗はスケールの大きな男で、利休を呼んで茶会をするなどして悠然としている。秀吉は人を見る目があるから、奥州処分はこいつを使えばいいと思ったのだろう、会津を差し出させる代わり、ほかは本領安堵、奥州処分を政宗にほぼ一任して、浅野長政と木村清久《きむらきよひさ》がこれを補助するということにした。政宗は処罰されるのではないかとおそるおそる出かけたのに、これだけの重い任務を与えられたので感激する。

だから、奥州征伐といっても秀吉が出かけていったのは会津までで、秀吉はそこから引き返している。ただし、会津は関東の喉元《のどもと》だから、ここに誰を置くかが問題である。それで「忠三郎《ちゆうざぶろう》ならざるべからず」と、蒲生忠三郎氏郷に四十万石を与え、伊達政宗のお目付役として会津に置いた。翌年には奥州南部《なんぶ》氏で起こった九戸政実《くのへまさざね》の反乱の鎮圧にも力があったので、氏郷はここでおよそ百万石の大大名《だいだいみよう》となった。

政宗としては氏郷がいるから、動きがとれない。ただこのとき、木村清久に大崎《おおさき》・葛《か》西《さい》の旧領三十万石を与えたのだが、清久には大きな藩を治める力がないことがわかっているから、秀吉は「氏郷を主人とも思え、親とも思え」と言っているのだが、木村があまり言うことも聞かずにいると案の定、一揆を起こされて、政宗と氏郷が鎮圧に向かった。このときの政宗の動きが非常に怪しくて、氏郷とあわや一戦を交えるようなところまでいく。

氏郷は政宗に反乱の気配があったことを秀吉に訴える。呼びつけられた政宗は覚悟して、磔《はりつけ》の柱に金箔を塗って、それを馬に立てて出てきたという話がある。

秀吉は、三十万石の大名になったにもかかわらず乱を起こされた小心者の木村清久から領地を取り上げ、政宗からは伊達歴代の根拠地である五郡を没収して、その代わりに反乱のあった大崎・葛西郡を与えた。政宗は処罰されず、領地が増えたことになる。

このときの話として、蒲生氏郷が提出した、政宗が一揆を扇動しようとした証拠物件の手紙を突きつけられた。そのとき政宗は「自分の書き判（花押《かおう》）には針で穴をあけてあるが、これはあいていないから偽物です」と強弁して許されたという話があるが、どこまで本当かはわからない。

ところが秀吉は、政宗に謀反の気持ちがあったと本当は思っていたらしい。のちに政宗と親しかった施薬院全宗《せやくいんぜんそう》が政宗を褒めたとき、秀吉は機嫌を悪くして「伊達政宗というやつは反乱を起こそうとした。蒲生氏郷に隙がなかったからそれができなかっただけだ。おれは朝鮮征伐を思い立っていたから許してやったんだ」と言ったという。

このあたりを実にうまく描いたのが、幸田露伴《こうだろはん》（注１）の「蒲生氏郷」である。武士の風格を生き生きと描く露伴の筆というのはたいしたものだ。蒲生氏郷を「たぎるような人」と表現している。氏郷は、冬の厳しい寒さのなかでの戦いのときに、部下を励ますため鎧の下に下着もつけないで出たという。

四十万石の大禄を得て会津に行ったときに、氏郷は浮かない顔をしている。どうして大大名になったのに浮かない顔をしているのかと家臣に尋ねられて氏郷は、「たとえ石高は低くても、京大坂に近ければいざというとき動けるのに、いくら禄高が大きくてもこんなところにいたのでは手柄の立てようがない」と答えたとも伝えられている。のちには会津百万石の大名になるが、「百万石もらっても嬉しがらなかった男」と言われた氏郷の辞世《じせい》の歌は実に味わい深いものであった。

「限りあれば　吹かねど花は　散るものを　心短き　春の山風」

（注1）**幸田露伴**（一八六七〜一九四七）　小説家・随筆家。江戸の下谷《したや》に生まれた。本名・成行《しげゆき》。蝸牛庵《かぎゅうあん》とも号した。男性的な文体と題材で、明治二十年代、女性描写を得意とした尾《お》崎《ざき》紅葉《こうよう》とともに「紅露《こうろ》時代」と並び称された。晩年は東洋哲学への深い造詣《ぞうけい》を示す考証、史伝、随筆を残す。代表作に小説「風流仏《ふうりゅうぶつ》」「五重塔」「連環記《れんかんき》」、史伝「運命」、注釈書『評釈芭蕉七部集』などがある。「蒲生氏郷」は現在、『昭和文学全集　第四巻』（小学館）所収。インターネット上の電子図書館「青空文庫」でも読むことができる。

第6章

# 海外進出への意欲

## 蘇峰こそ「朝鮮の役」の最高権威

秀吉の朝鮮の役《えき》（文禄《ぶんろく》・慶長《けいちょう》の役）については、朝鮮側の主な史料としては、当時、李《り》氏朝鮮《しちょうせん》の総理大臣のような立場にあった柳成龍《りゅうせいりゅう》が記録した『懲毖録《ちょうひろく》』がある。「懲毖」というのは『詩経《しきょう》』周頌《しゅうしょう》・小毖篇《しょうひへん》首章にある「予其懲而毖後患」からとったもので、「われ、それに懲《こり》て後の患《わずら》いを毖《つつしま》ん」という意味だ。それから『宣祖實録《せんそじつろく》』、これは当時の朝鮮王の実録。それから李植《りしょく》という人の『宣祖修正實録《せんそしゅうせいじつろく》』がある。

明《みん》の史料としては、諸葛元聲《しょかつげんせい》の『両朝平攘録《りょうちょうへいじょうろく》』、それから明の救援軍総指揮官・宋《そう》応昌《おうしょう》の公文書を編集した『経略復国要編《けいりやくふっこくようへん》』（全十四巻）などがある。

もちろん、日本には武家の書いたものがたくさん残っている。

そして、「朝鮮の役」について本当に権威ある本を書いたのは徳富蘇峰《とくとみそほう》である。ここで蘇峰のことを述べておかねばならない。というのは、蘇峰は『近世日本国民史』全百巻のうち三巻（一巻が七百～八百ページ）を朝鮮の役に費やしているからである。

朝鮮の役に関するさまざまな文書が当時の大名家に残っていたが、大名家と仲のよかった蘇峰は、それらの文書を見せてもらうことができた。古文書《こもんじょ》を読むのは大変だが、蘇峰はわれわれが普通の手紙を読むのと同じように古文書でも漢文でもスラスラ読めた。

さらに『宣祖實録』を、当時の朝鮮総督府の初代総督・寺内正毅《てらうちまさたけ》に頼んで見せてもらった。これは秘録だったが、寺内総督と親しかったから見ることができたのである。宋応昌の『経略復国要編』十四巻は、南京《ナンキン》の図書館にあったのを総領事の岩村成允《いわむらなりみち》に借り出してもらって写した。だから日本の文献も、明・朝鮮の文献も、当時としてはなかなか見られないものをすべて読んでいることになる。こういうことは朝鮮の学者にも、シナの学者にもできない。

日本と明・朝鮮、両者の記録を読まないと正確なことはわからない。その両方を読めた唯一の人間、徳富蘇峰の『近世日本国民史』の「豊臣氏時代　朝鮮役」三巻は、だから朝鮮の役に関する最高の本といっていい。事実、この三巻によって、大正十二年（一九二三）に帝国学士院恩賜賞《おんししょう》をもらっている。それが戦後はほとんど評価されず、『近世日本国民史』が講談社学術文庫に入ったときも、「豊臣氏時代　朝鮮役」は省かれていた。戦後のこととて、朝鮮側から抗議されるのが怖かったからかもしれない。しかし今後、蘇峰の著作を超える学問的な本が出るとは依然として考えられない。

しかも、その態度は非常に公平である。蘇峰はこう言っている。

「『朝鮮役』は日本人の称徳書《しょうとくしょ》というよりはむしろ弾劾文《だんがいぶん》であるというほうが公平に近いと思うほど、その国民性の大欠陥が暴露されている。朝鮮の役をくわしく書けば書くほど日本に対する弾劾文になる」と。

このことを知っていれば、講談社も何も学術文庫から省くことはなかったと思う。さらに蘇峰はこうも言っている。

「山崎の合戦における秀吉、あるいは賤ヶ岳《しずがたけ》における秀吉と、朝鮮の役のとき名護屋《なごや》（現佐賀県唐津市）の本営にいた秀吉は全く違うので、人間の価値というのは、その人の価値がいちばん高い時にはかるべきである」と。

つまり、蘇峰はこのときの秀吉を決して高くは買っていないのである。戦後に行われた徳川夢声《とくがわむせい》との『週刊朝日』の対談では、同じことをこう言っている。

「人間の値段は相場のいちばんいい時で決めるべきである。秀吉なら山崎の戦いから賤ヶ岳の戦いのあたりまで。桂太郎《かつらたろう》なら日露戦争の時ではかるべきである」と。これが蘇峰の立場だ。

『陶と剣──秀吉の朝鮮出兵と陶工大渡来』という著作のある朝鮮出身の作家、野口赫宙《のぐちかくちゅう》も次のように語っている。

「今度の本を書くのに蘇峰先生の〝朝鮮之役〟は非常に役に立ちました。ほとんど蘇峰先生の本に頼ったと言ってよい位です。蘇峰先生は公平な正しい立場で書いているので、安心して利用できました。朝鮮側で書かれているものには、恨み骨髄に徹しているものもあるので、使用にたえなかったのです……」（『民友』一九八一年六月号、一〇〜一一ページ）

ついでながら、蘇峰の『近世日本国民史』の価値について一言いっておきたい。

私が上智大学の英文科在学中、夏休みには必ず中学・高校の恩師の佐藤順太先生のお宅にしばしば伺った。昭和二十年代の前半、まだ東京裁判が終わらない頃で、「戦前の日本はみんな悪い」というような風潮があり、蘇峰も顧《かえり》みられなくなった時代だった。

そのとき、佐藤先生がこう言われた。

「蘇峰の『近世日本国民史』はとてもしっかりした本だと私は思うけれども、戦後は無視されているようだ。いま上智大学には辻善之助《つじぜんのすけ》先生（東大の名誉教授で、史料についても日本史の大権威）がいらっしゃるそうだが、いまの目から見て蘇峰の『近世日本国民史』の価値はどんなものか聞いてみてくれないか」と。

それで夏休みが終わってから、そのことを辻先生に聞いてみた。ふつう先生というのは質問されると嬉しそうに答えられるものだが、辻先生はそのとき非常にいやな顔をされて、「蘇峰のあの本は、史料は別の人が集めているから史料的にはいい。だが、蘇峰の言っていることはダメだから、まあ、あの本の価値は五〇パーセントだ」と言われた。

いかにも不愉快そうなのが気になっていたのだが、あとでわかったことは、蘇峰の帝国学士院恩賜賞受賞の祝賀パーティで、辻先生も祝辞を述べていらっしゃったのである。その時点では「朝鮮役」を書き終え、「信長記（織田氏時代）」と「秀吉記（豊臣氏時代）」まで『近世日本国民史』七巻が完成していた。

ところが、私が辻先生に質問した頃の徳富蘇峰は、当時の日本の雰囲気からいえば〝文化人のA級戦犯〟のような感じだった。蘇峰自身、文化勲章や帝国学士院恩賜賞を返上し、貴族院議員と帝国学士院会員などをすべて辞任している。そして戦犯容疑者として巣鴨に出頭を命じられたが、三叉神経《さんさしんけい》の病気のために自宅拘禁《じたくこうきん》となったものの、財産は処分された。そして自分を葬《ほうむ》るつもりで「百敗院泡沫頑蘇居士《ひやっぱいいんほうまつがんそこじ》」という戒名《かいみょう》をつけ、自分の一周忌をやった。

そんなときだったから、辻先生にしてみれば、蘇峰を称《たた》えていたなどと言いふらされたら自分の身が危うい。私のことも、教授を糾弾《きゅうだん》する左翼学生ではあるまいかと疑ったのではないだろうか。

しかしいま読んでみても、史料は動かし難《がた》い本物だし、書いている部分は史料八割、蘇峰の言葉二割くらい。実にすぐれた本だと思う。

私は大学院生のときに、六本木でそれまでに出ていた五十巻を買った。ただ、寮の部屋が狭いし、二人部屋だから置き場所がない。すぐ家に送ってしまったので、休みに帰省したときにしか読めなかった。だが、おかげで織田信長以後の最高の史料がそこにあることを知った。

ずっとのちに、雑誌『正論』から人物伝を頼まれたときに蘇峰を取り上げた。私は「信長以後の歴史を書く人はみんな蘇峰のあげている史料を黙って使っている」と書いた。そうしたら山本夏彦さんが大変喜ばれて、おかげで山本さんの知遇を得ることができた。

## 海外進出の時代風潮

秀吉が朝鮮に侵攻した理由についてはいろいろな説がある。しかし、秀吉がそのずっと以前から大陸に関心があったことを示す話がある。

朝鮮の役が始まるおよそ十五年前の天正《てんしょう》五年（一五七七）十月に信長から、秀吉は対毛利《もうり》中国派遣軍の総司令官を命じられた。信長が「中国を征服したらお前にやろう」と言うと、秀吉は「それはすべてほかの大将に与えてください。私は信長公のご威光を朝鮮・大明国《だいみんこく》に輝かせますから、そこで領地をいただきたい」と答えたという話が残っている。信長は「大きなことを言うやつだ」と喜んだという。

もちろん、秀吉は信長という人物を尊敬しながらも警戒していたということはあったと思う。だからこそ信長の四男・秀勝《ひでかつ》を養子にもらい、自分の領地はいらないといつも言っていた。これが信長の疑惑を免《まぬか》れる一番の道だったことはたしかだ。信長は気前よく大名をつくった最初の人である。しかし、警戒心もあったし、一度与えた所領を取り上げることもあった。秀吉はそれを鋭く見抜いて、予《あらかじ》め手を打ったとも言える。だがそれだけではなく、秀吉は中国・九州の先に朝鮮・大明国を見ていた。少なくとも、そのイメージがあったことは間違いない。

天正十五年（一五八七）の九州征伐の時も、海外経営の意志を秀吉は毛利輝元《てるもと》に示し、「自分は高麗《こうらい》に渡る」と言っているし、べつのところでは明国まで行こうというようなことも言っている。

当時は、近畿・中国地方でも、四国でも九州でも、諸大名・諸豪族、あるいは寺社などが勝手に朝鮮や明と交易を行っていた。肥前《ひぜん》の鍋島直茂《なべしまなおしげ》も、「領地の肥前を献じる代わり、明の土地をいただきたい。肥前にはシナの各地に移住している人間も多いから、そこに手がかりもある」というようなことを言っている。

肥前がそうなら、九州の他の地方でもそういうことがあったのではないかと思われる。さらに、亀井茲矩《かめいこれのり》という尼子《あまこ》出身の武士が秀吉の家来になって手柄を立てたときに、自分を琉球守《りゅうきゅうのかみ》にしてくださいと頼んでいる。さらに「明の台州《だいしゅう》（これは浙江省《せっこうしょう》にあるらしい）をいただきたい。というのは、出雲《いずも》の人間が浙江省の台州府に大勢行っているから、自分もそのあたりに移住したい」とも言っている。これが法螺《ほら》でなかったことは、秀吉が「亀井茲矩琉球守殿」と書いた扇を朝鮮の大将・李舜臣《りしゅんしん》が手に入れているから、そういうものがあったことはたしかなのである。当時は、九州の先まで目を向ける雰囲気が諸大名の間にあったのだと思う。

天正十六年頃になると、小早川隆景《こばやかわたかかげ》も「唐国《からくに》、南蛮国へ」と言っているが、これは言葉が誇大すぎるので、単に威勢を示しただけかもしれない。本気ではなくとも、武将というのは景気づけに大きなことを言うものである。東條英機《とうじょうひでき》首相が大東亜戦争で日本の情勢がやや危うくなった頃に、「ワシントンで観兵式《かんぺいしき》を、ニューヨーク沖で観艦式《かんかんしき》をやる予定であります」などと言ったのと似たようなものだろう。

## 明の属邦・李氏朝鮮

秀吉は天正十五年（一五八七）の六月に対馬《つしま》の宗義智《そうよしとし》を九州の箱崎《はこざき》に呼び、「明に侵攻するため朝鮮を通るから、朝鮮に行って話をつけよ」と命じ、「日本を統一した祝いの言葉を述べよ」と、宗家を通じて朝鮮の来朝を促《うなが》した。一国を統一した権力者が、隣国にこのような主旨のことを通達するのは当然の話である。明治維新のときに、こういう申し出を朝鮮がまったく受けつけなかったものだから征韓論《せいかんろん》が起こったのと似ている。

当時は倭寇《わこう》（注1）が暴れ回っていて、明と朝鮮はこれを日本に抑えてもらいたがっていた。日本も貿易で儲《もう》けたかったけれども、その前にとにかく「倭寇を抑えてくれ」という要求が強かったのである。元《げん》の時代には日本行省《にほんこうしょう》（征収日本行中書省）とか征東行省のような日本遠征準備の出先機関をつくってまだまだ日本を攻める予定があったらしいが、明になると日本征服は不可能と断定していた。

朝鮮を襲う倭寇は対馬を根拠地にしていたようだ。それを抑えるために、朝鮮王は対馬の宗家に位を与えたり、米を贈ったりしながら、主観的には属州扱いにしていた。対馬としては別に朝鮮の属州になったつもりはさらさらないが、何しろ小さな島だから米などをもらえればありがたかったのだろう。

それから周防《すおう》の大内家《おおうち》はずっと対明貿易を行っていた。貿易はとにかく儲かるから大内文化というものが生まれ、現在の山口県に小京都をつくったりしていた。聖徳太子《しょうとくたいし》の頃だから本当か嘘かわからないが、百済《くだら》の聖明王《せいめいおう》の太子が周防に来て大内氏の祖になったという伝承を利用して、神社をつくるからなどの理由で朝鮮王に寄附をさせていた。大内氏は当初「多々良《たたら》」という姓だったというが、多々良というのは鉄と関係のある言葉だから、製鉄の職人が出雲あたりに来たのが何百年かの間に日本人になって、大名になったのだろう。大昔は百済自体も「倭の国」であり、九州や本州の住民と同族であるとシナの王朝から見られていたくらい、関係は近かったのである。

李氏朝鮮は明国とほぼ同時代に成立した。李氏朝鮮の太祖・李成桂《りせいけい》は元来は女真族《じょしん》の出身であるが、明のために手柄を立て、明の太祖・朱元璋《しゅげんしょう》（洪武帝《こうぶてい》）から位を授かり、朝鮮という名前ももらっている。だから冊封国《さくほうこく》と言ったほうがいいかもしれない。洪武帝の孫が二代皇帝・建文帝《けんぶんてい》となったが、叔父《おじ》の燕王《えんおう》が皇帝の座を奪って成祖・永楽帝《えいらくてい》となり、南京から北京《ペキン》に都を移した。朝鮮から奉られた妃《きさき》が四人いたという。

朝鮮でも、太祖の五番目の子・李芳遠《りほうえん》(のちの太宗《たいそう》)が位を奪って国王になった。明と朝鮮は国の成り立ち方が似ていると言えよう。元来は李成桂が、近代で言えば満洲で戦場の手柄をたてて朝鮮王にしてもらったわけだが、やがて朝鮮は文弱《ぶんじゃく》の国になった。

学問は朱子学一点張り。十六世紀には李退渓《りたいけい》(李滉《りこう》)という偉大な学者が出て、日本の儒学にも影響を与えたが、そもそも朱子学というのは宋《そう》の学問である。宋の学問というのは、元に負け、南に押し込められたのが悔しくてつくったところがある学問だから、「武」を放棄しているようなところがある。その代わり、大義名分にうるさい。

だから朝鮮ではお互いに大義名分を振り回し、仲間うちの喧嘩ばかりして政権は腐敗し、封建制はつくらず、みんな科挙《かきょ》によって中央で偉くなる。地方に行くと、早く京城《けいじょう》(漢城《かんじょう》)に戻りたいから土地の名産品があればそれを取り上げ、賄賂《わいろ》としてそれを中央に奉る。だからどこの地方でも名産品をつくらなくなるというような国になっていた。

李成桂の践祚《せんそ》から朝鮮の役が始まるまでのおよそ二百年、朝鮮は空論と党派の争いに明け暮れていた。物質的のみならず、文化的にも明の属邦で君臣という意識が強く、明に服従することを理想としていた。つまり華夷《かい》秩序である。もちろん「華」というのはシナで、そこから遠くなればなるほど野蛮になるという発想で、自分たちはシナのすぐ隣りだといばっていた。

さて、明は末期を迎えていた。明の次の王朝、清《しん》の太祖となる満洲族のヌルハチが勃《ぼっ》興《こう》していたのである。それが北京政府にとって一番頭の痛い問題だった。日本に対しては、「地上の戦いでは強いが、水上の戦いは臆病である。ただし刀と鳥銃《ちょうじゅう》には詳しい」（「鳥銃」というのは鳥を撃つ鉄砲ではなく、鳥にも当たるほどすぐれた銃という意味らしい）という評価をしていたようだ。

日本は水軍が弱く、海上での戦いが下手だというのは、倭寇に対する認識と同様であった。これは海軍の本質にかかわることで秀吉の朝鮮征伐にも言えるのだが、陸上ではゲリラでもなんでも勇敢でさえあればある程度戦えるものの、水軍の強さというのは結局、富と文明に比例するのである。

倭寇は、九州、四国、中国地方の貧しいが勇敢な者たちが粗末な船で乗り出して海賊行為を働いたのである。彼らには大きな船をつくる資力がない。だから、陸に上がれば南京まで攻め込んだりするが、海上では非常に臆病で、明の大きな船が来れば逃げていたらしい。倭寇は辺境の貧しい部族や集落の連中の船だし、向こうはとにかく中央政府の船だから立派な大船で、これは海上では戦いにならない。だから、「日本も海上では弱いぞ」という認識だったらしい。

「朝鮮の役」が起こったのは、そういう状況でのことだった。

（注1）**倭寇**　十三世紀から十六世紀にかけて朝鮮半島・シナ大陸沿岸で掠奪《りゃくだつ》や密貿易を行った日本の海賊に対する朝鮮・シナ側の呼称。その多くは北九州・瀬戸内海の土豪や漁民であったが、後期にはシナ人が主体となった。

## 時代による「朝鮮進攻」の評価

朝鮮征伐の動機と評価については昔から諸説あった。

徳川時代はもちろん反豊臣だから、評価はおおむね低い。林羅山《はやしらざん》にしろ貝原益軒《かいばらえきけん》にしろ、「天道の憎むところである。あんなことをしたら天下が滅びるのはあたりまえだ」というようなことを言っている。安積澹泊《あさかたんぱく》という江戸中期の儒者のように、「秀吉は信長に大口をたたいた手前もあり、（息子の）鶴松《つるまつ》が死んだ愁《うれ》いを忘れるために海外に出ていったのだ」という説もある。

山鹿素行《やまがそこう》は「功績は上がらなかったが、神功皇后《じんぐうこうごう》（注1）以来の盛大な行いであった」

と称賛しているが、頼山陽《らいさんよう》は「天下を平定したから、群雄の武力を浪費させようとしたのだ」という見方をしている。これは当時のイエズス会士もそのような観察をしているし、明治の頃に日本史を書いたマードックもその説に近い。

近代の学者では、辻善《つじぜん》之《の》助《すけ》は「足利幕府以来の勘合《かんごう》貿易、通商貿易の利益を得たかったのだ」という説。田中義成《たなかよしなり》は「朝鮮にはとにかく明に紹介してもらいたかったのだ。そのために倭寇も禁じた。ところが三年待っても返事が来なかったので出て行った」と言う。また、大町桂月《おおまちけいげつ》は「秀吉にして初めてこれを行うことができた」と山鹿素行と同じく褒めている。

私が育った昭和初期には、山鹿素行や大町桂月のような意見が多かったように記憶している。「秀吉は偉い、日本の力を国外に輝かせた」ということだったと思う。というのは、国威を海外に示すというのは当時、世界の先進国に共通の理想だった。イギリスをはじめヨーロッパの先進国が尊敬されていたのは、ほうぼうに植民地を持っていたからだし、アメリカだってインディアンの土地を奪い、ハワイやフィリピンを取っている。ところが日本だけは、海外に国威を轟《とどろ》かせたという例は神功皇后以来なかった。それで秀吉は偉い、ということになったのだと思う。

当時の雰囲気を伝えるためにあえて言うと、私が小学六年生のとき、榎本春三先生という担任の先生に作文を書かせられたことがある。テーマはなんでもいいというので、おそらく「少年講談」か何かで秀吉のことを読んだのだろう、「秀吉について」などというものを書いた。朝鮮の役のことを神功皇后に絡めて、「朝鮮を征伐して国威を輝かせた」というようなことを書き、「秀吉がやった偉いこと」を十くらいあげた。時間が終わっても書き足りない。先生が「時間なんかいくらかかってもいいから書け」とおっしゃって、放課後までかかって書き上げた。提出したらすごく褒められた。そういう時代だった。いまは海外に国威を示すというと、オリンピックとかサッカーのワールドカップとか、あるいは日本ならアニメだとかロボットの部品ということになるだろうか。当時の世界中の先進国の間では、海外の国を征服することが最高の国威の宣揚《せんよう》であった。

しかし公平に言えば、秀吉の言行からして、どうも朝鮮進攻を九州征伐の延長くらいに考えていたのではないかと思われる。九州で降参した島津家が上洛して敬意を表したように、朝鮮も日本に来て皇室に跪《ひざまず》くべきであるということだったのではないか。朝鮮と戦争するという発想は、初めはなかった。

これは信長の項で述べたが、信長は比叡山に火をかけるような、それまでの日本人にはできないことをやって、中世の宗教の力を断ち切った。同時代に生きていたヘンリー八世が、カトリックの大修道院を全部没収したようなものである。信長の頃からの日本人には、当時のヨーロッパの国と共通するような意識が生まれ始めていたようである。だから外国に出ていくというのは、それと同じように当時の国際的な時代思潮で、秀吉にもそういう思考があったのではないかと思う。

（注1）**神功皇后**（?〜二六九）第十四代・仲哀《ちゅうあい》天皇の皇后で、第十五代・応神《おうじん》天皇の母。応神天皇を身籠もったまま朝鮮に出兵して、三韓（新羅《しらぎ》・高句麗《こうくり》・百済）征伐を行ったと伝えられる。

## 「事変の新しさ」

朝鮮の軍隊は、戦争中ですらほとんど秀吉の視野には入っていなかった。目的は常に明軍であった。蘇峰がうまいことを言っている。

「朝鮮は全然目的ではなくて、考慮の外であった。第一次大戦の時にドイツのカイゼルがベルギーを占領したが、ベルギーが目的だったのではなくて、ベルギーを通ってパリに行くつもりだった。それと同じことだった」

この比喩《ひゆ》は正しいと思う。朝鮮は第一次世界大戦でいえば、ベルギーの地位にあった。要するに通り道にすぎないのだから、黙って通してくれればよかった。

注目すべきことは、秀吉にシナ崇拝の気持ちがまったくなかったことだ。それまで日本では、シナが先進国であることは当然とされていた。鎌倉以来、宋とか元から本当に偉い坊さんがたくさん来て、五山《ござん》の僧といえば非常に尊敬されていた。日本の坊さんたちはシナを先進国として見ているから、みな宋や元に学問をしに行く。これはあとで大きな問題になるのだが、秀吉のために通訳のような立場にあった坊さんたちはシナを偉いと思っているから、とんでもない通訳をしてしまった。

源実朝《さねとも》は、将軍のくせに宋に行きたくて鎌倉で船を造らせた。ところが遠浅だったものだから進水式ができなかったという笑い話があるくらい、シナに憧れていた。足利義満《よしみつ》などは勘合貿易で儲けたい一心だったとはいえ、日本国王に任ぜられて喜んでいた。それに対して、秀吉はシナに対して爪の垢《あか》ほども特別な尊敬心を持っていなかった。これは画期的だったと言うべきだろう。

ところが、情報源があまりよくなかった。堺・博多・唐津などに来ている商人やイエズス会士から情報を得るのはいいが、秀吉が重きを置いた情報源は倭寇だったらしいのである。

種子島《たねがしま》に来た王直《おうちょく》という倭寇は、「シナ人なんか恐れるに足りない。倭寇は虎のようなもので、三百人で南京を攻略したし、堂々と福建まで行って一年もいた」などということを秀吉に吹き込んだ。それで秀吉は、自分が行けば「大水が砂を崩し、鋭い刀で竹を割るようなものだ」と思い込んだ。まして朝鮮など眼中にない。

小林秀雄《こばやしひでお》（注1）が昭和十五年八月、三十八歳のときに書いた『歴史と文学』という本のなかに、「事変の新しさ」という章がある。「事変」とは「支那事変」のことである。シナとの戦争がこれまでとはまったく異なる新しい性質の事件であると述べ、秀吉の明侵攻について、以下のようなことが書いてある。

「例えば豊太閤《ほうたいこう》の朝鮮征伐などは、大変いい例だろうと思う。朝鮮征伐と言っても、御承知の様に太閤は朝鮮を征伐しようと思っていたのではない、明を征服しようとした」

「この戦争に関する太閤の確信というものは驚くべきものであって、北京占領の如きも殆《ほとん》ど既定の事実のように彼は言っております。戦は天正二十年即ち文禄元年に始まったが、年内には自ら北京に乗り込む予定であった、関白秀次を大唐《たいとう》の関白にする、大唐関白進発渡海は翌年正月二日と日付まで決めております。明後年、即ち文禄三年には、至《し》尊《そん》北京に御遷幸《ごせんこう》の事と言うのである、その時の天皇は後陽成《ごようぜい》天皇であります」

「扨《さ》て、後陽成天皇は、すっかり太閤を御信用になって、北京行幸の儀式に就いていろいろ御調査を命じられた、連れて行かれる坊さんまで御指名になった、関白が北京に落着いたら、太閤は寧波《ねいは》に在住する積りであった、大名は、進んで天竺《てんじく》を切取りするも勝手たるべき事、と言うことになっております」(原文は旧字・旧仮名。以下同)

小林秀雄は、秀吉が計算を誤ったのはこの明侵攻がまったく新しい事態だったからで、「この新しい事態に接しては、彼の豊富な知識は、何の役にも立たなかった。役に立たなかった許《ばか》りではない、事態を判断するのに大きな障碍《しょうがい》となった。つまり判断を誤らせたのは、彼の豊富な経験から割り出した正確な知識そのものであったと言えるのであります。これは一つのパラドックスであります」

そして、「太閤の様な天才は自ら恃《たの》むところも大きかった。従って醸《かも》された悲劇も大きかった」と書いている。まったくそのとおりだと思う。これは先の大戦に突入する前に、軍人たちが「日露戦争」の経験をいつも頭のなかに入れていたのと同じで、小林の天才は、その危うさを支那事変の頃にすでに直観して「事変の新しさ」を強調したのである。

（注1）**小林秀雄**（一九〇二〜一九八三）　文芸評論家。芸術から思想・社会・歴史まで広いジャンルにわたって自己表現としての評論を確立し、日本の近代批評の先駆けとなった。代表作に「無常といふ事」「モオツァルト」「ゴッホの手紙」「本居宣長《もとおりのりなが》」などがある。

## 小西行長と宗義智のついた「嘘」

秀吉は、宗《そう》家の宗義智に「とにかく朝鮮国王を連れて来い」というようなことを言うが、宗家ではそんなことはできないとわかっている。しかし秀吉の命令だから、朝鮮に行くことは行く。来いと言ったって来ないことはわかっているからそうは言わないし、もちろん明国に案内しろとも言わない。ただ、「通信使を送ってくれ」と言う。このあたりから、秀吉の外交方針と実際とが食い違っていく。

宗氏の努力によって通信使は来ることは来たが、国王が来ないから秀吉としては不満である。五カ月くらい待たせてからようやく会ったが、そのときも淀君との間に晩年になってようやく生まれた鶴松《つるまつ》を抱いて、朝鮮の音楽を聴かせたりしている。その様子を通信使は、「鶴松が小便をたれ、女官がパッと現れると鶴松を引き取って着物を変えさせた。まったく傍若無人《ぼうじゃくぶじん》であった」と書いている。

そのときに携《たずさ》えてきた国書は、秀吉が日本を統一したことを祝うだけの文章で、決してそれ以上のものではなかった。秀吉はその内容を十分に検討しなかった。宗義智や対朝鮮外交を担当した小西行長《こにしゆきなが》は、この通信使の来朝を「服従の証《あかし》」であると言い繕《つくろ》い、秀吉もそれを信じたようだ。このあたりが、すでに昔の秀吉とは違って甘くなっている。

秀吉は「朝鮮の服属と明への先導」という条件を出していた。それを加藤清正《かとうきよまさ》が覚えていたことが、のちに清正が行長の講和案に賛成せず、これを妨害したように讒言《ざんげん》されて、すでに講和したくなっていた秀吉の逆鱗《げきりん》に触れることになる。

帰国した通信使のうち、正使は「日本は必ずやって来ます」と報告し、秀吉のことは「目はランランと輝き、胆知の人である」と言っている。ところが副使は「日本、恐れるに足らず。秀吉は凡庸《ぼんよう》で、その目、ネズミのごとし」と、正使と副使でまったく反対の報告をした。これは二人の党派（学閥）が違うからで、これが朝鮮の病気である。

しかし、秀吉の手紙は露骨なもので、「自分は母の胎内に太陽が入って生まれた」とか、「百戦百勝して天下を治めた」「言うことを聞かなければ一朝直入、一挙に越えて大明国《だいみんこく》に入る。お前たちは先駆すればいいのだ」というようなことが書いてあるのだが、朝鮮王朝は副使のほうを信じて、何の準備もしない。明に報告するかといえば、「こんなものは日本人の駄法螺《だぼら》だろう。こんなものを報告して天朝《てんちょう》（明の宮廷のこと）に怒られるのもばかばかしい」というわけで、明の機嫌を害さないように文章を和らげていいかげんに報じたから、明のほうも本気にしない。

そこでいよいよ秀吉は、天正十九年（一五九一）三月に出兵命令を出す。秀吉の頭にあったのは明に入ることだけであった。このとき、秀吉はインドのゴア駐在のポルトガル・インド副王に「自分は大明国を治めるつもりである。ついでにインドにも遠征する」という手紙を出している。朝鮮どころか、沖縄、台湾、フィリピンも問題にしないという勢いであった。

ところが、天正十九年の八月に鶴松が三歳で死んだ。鶴松が生まれたのは天正十七年（一五八九）、秀吉五十三歳のときにようやく生まれた跡継ぎだったから秀吉は意気消沈し、髻《もとどり》を切って弔意《ちょうい》を示して悲しんだ。家臣たちもみんな真似をして髻を切ったから、髻の塚ができたという。朝鮮出兵はその悲しみを紛らわせるためだったという説もあるが、出兵命令を出したのは死の五カ月前だから、鶴松とは関係がない。

しかし、この出兵は武将たちにとっては迷惑このうえなかった。ずっと戦い続け、太閤の下で手柄をたてて、みんな大名になっている。厭戦《えんせん》気分が生まれ、出兵を苦役《くえき》とみた。第一、状況もよくわからない。そのなかで、家康は黙然としていた。大して反対もしないし、かといって賛成もしない。

秀吉は同十九年に、新しく金銀の通貨を鋳造《ちゅうぞう》して軍資金を豊かにし、兵を九州に集めるため諸国に命じて道路や橋を整備した。そして船奉行を朝鮮、対馬、壱岐《いき》、名護屋《なごや》の四カ所に置く。これはいまから考えると、海軍というよりも輸送のための指揮所である。

秀吉のような偉大な武将にも盲点があった。それは海軍というセンスがなかったことだ。考えてみれば、秀吉にはこれまで海軍の戦争をする必要がなかったから、そのあたりがポカッと抜けている。食糧を運ぶために多くの船を用いた。九州出兵・小田原征伐でも大量の船を出したが、それと同じ発想だった。「事変の新しさ」がわからなかったのである。

同年十二月二十八日、関白を養子の秀次に譲り、翌天正二十年（一五九二＝文禄元年）に出兵した。これが「文禄の役」である。細川幽斎《ほそかわゆうさい》（藤孝《ふじたか》）は、「日の本の　光を見せてはるかなる　唐土《もろこし》までも　春や立つらむ」などというおべんちゃらの和歌を詠《よ》んでいる。

このとき、小西行長や宗義智が「朝鮮王の服従をたしかめるために猶予《ゆうよ》をください」と頼んだため、出兵を先延ばししている。だが二人とも、通信使を服従の使者と言ってしまった手前、困っているだけだった。結局、行長と義智は「朝鮮は心変わりをしました」とまた嘘をつかねばならなくなった。朝鮮にしてみれば心変わりしたつもりはまったくないから、とんだ迷惑である。

小田原では十五万の兵を動員したと言われるが、このときはおよそ三十万人を招集している。この大軍を一軍から九軍に分け、それに水軍が加わった。第一陣が約十三万七千人、第二陣が約五万八千人。それから水軍がおよそ一万人。しかし、そのすべてが朝鮮に入ったわけではなく、本営の名護屋にも人員を配置するから、総出兵二十万と考えればよいであろう。

秀吉は三万の軍勢を率い、大旗六十六本に菊花章を付けて三月二十六日に京都から名護屋に向かった。六十六本の大旗というのは、日本六十六州を征服したという意味である。後陽成天皇も壮行のために御製《ぎよせい》を扇に書いてお渡しになり、桟敷《さじき》で出兵の軍隊を見送られた。秀吉は長府《ちようふ》（現山口県下関市）で、仲哀天皇・神功皇后の社《やしろ》に参拝している。秀吉は、三韓征伐の前例があったことを知っていたのである。

## 大東亜戦争初期のような日本軍の快進撃

朝鮮では世の中が荒れ、誰もが遊楽に耽《ふけ》り、博打《ばくち》で破産する者も多いような状況だった。主だった武将としては申砬《しんりつ》、李鎰《りいつ》、宋象賢《そうしょうけん》などがいたが、日本軍の進撃の速いこと驚くべきものがあり、天正二十年四月十二日、釜山《ふざん》に小西・宗の軍が上陸すると、翌日には釜山の城が落ちている。イエズス会士の記録によると、六千人の兵隊が釜山城を守っていたが、鉄砲を知らなかったものだから話にならない。小瀬甫庵《おぜほあん》の『太閤記』では、八千人の首を取り、二百人を捕虜にしたとある。翌十四日には東萊城《とうらいじょう》を即刻陥落させ、宋象賢は戦死した。イエズス会の記録だと二万人が守っていたが、小西行長が自ら刀を抜いて城壁を登り、五千人が殺された。日本の記録では三千人殺害、捕虜百人とされている。朝鮮軍は争って逃げたという。

次に加藤・鍋島《なべしま》（直茂《なおしげ》）の第二軍が来た。これは十七日に釜山に上陸して、二十六日に慶州《けいしゅう》を占領している。

一軍の小西行長、二軍の加藤清正は、考えてみると天正十六年（一五八八）に佐々成《さっさなり》政《まさ》が切腹させられたあとの肥後《ひご》を与えられた二人である。だから、そのときから秀吉には大陸への野心があり、朝鮮出兵に備えて二人に肥後を与えたものと推測できる。

途中、天険《てんけん》の要害と言われたところもあったが、全然問題にしない。日本軍は快進撃を続け、朝鮮の武将・李鎰は逃げ出して途中で殺され、満洲族と戦ったときの朝鮮軍の英雄・申砬も川にはまって死んでしまう。

ここまでの進軍の状況をみると、われわれの世代は大東亜戦争の初期を思い出す。戦争が始まった途端にあっという間にあちこちを落とし、マレー半島からシンガポールまで五十五日という世界最速で進軍している。それからジャワを落とし、ビルマのラングーン、マンダレーまであっという間に陥落させた。日本軍はなんて強いのだろうと思った。当時の海軍の幹部も、東條英機《とうじょうひでき》首相もそう思った。

秀吉も同じだったろう。京都を発してまだ名護屋につかないうちに続々と勝報が入る。朝鮮に寄らず、自分は直ちに明国に行ってもいいなどと言い出している。

しかも日本軍は軍規厳粛であった。これは秀吉が厳命したことだ。というのは、秀吉にしてみれば落としたところは自分の領地にするつもりだから日本と同じで、飢えた百姓には食物をやれとか、村に火をつけるなとか、女を犯してはいけないとか、そういうことを厳重に守らせている。外国とは見ていなかった。無用の殺戮《さつりく》を禁止していたのは昔の秀吉流である。民衆に気を遣い、百姓を徴用するなとも命じている。

## 石を投げつけられた朝鮮国王

そして五月二日、小西・宗の軍隊は午後八時頃に東大門から京城《けいじょう》に入り、翌日、加藤・鍋島の第二軍は午前に南大門《なんだいもん》から入って京城（漢城《かんじょう》）を占領した。このときも、日本軍が近づくと朝鮮人が進んで門を開けてくれたというから、当時の李王朝がいかに不人気だったかがわかる。日清戦争のときも、日本に協力する朝鮮人が非常に多かったと言われている。五月十日までには全軍が朝鮮に上陸した。

京城の都はほとんど火事で焼けており、朝鮮国王・宣祖《せんそ》はすでに逃げていた。小西行長は蔚山《うるさん》のあたりの高級官僚を捕まえて手紙を持たせ、降伏を勧めようとしたが、この男は恐れて逃げてしまった。ほかの各地の高級官僚たちも、妾《めかけ》を連れてみんな逃げてしまう。自分が逃げるだけで精一杯で、京城の守りに行こうなどという人間はいない。まったくの無政府状態であった。

世子《せいし》（跡継ぎ。光海君《こうかいくん》と思われる）は王と一緒に逃げ、ほかの王子は各道に分かれて勤王の士を集めようということになり、臨海君《りんかいくん》という王子は咸鏡道《かんきょうどう》に、順和君《じゅんわくん》という王子は江原道《こうげんどう》に逃げた。

宣祖と世子は、まだ明けやらぬ頃に雨の降るなかを馬で逃げたが、従うものは百人ぐらいだった。王妃と侍女数人も雨のなかをつまずきつつ、泣きながらついていく。

夜が明けて振り返ってみると京城が燃えている。これはなぜかというと、奴婢《ぬひ》や召使いたちが、自分がこういう身分にあるのは戸籍文書があるからだというわけで、文書をすべて燃やしてしまおうと火をつけたからである。だから、日本軍が来る前にすでに京城は燃えていた。

余談だが、朝鮮人の戸籍に対する反感というのはいまも根強い。戦後観た映画でも、日本の警視庁が新しい建物に移るのにつけこんで指紋の入っている資料を奪おうという計画を立てた物語があった。それは戦後、闇で儲けた朝鮮人たちが、みな一度くらいは捕まって指紋を登録されているからだ。いま、日本で戸籍の廃止や過度なプライバシー保護を訴えて騒いでいる人たちはこの系統だと思う。現代のプライバシー情報管理、個人情報保護というのは異常である。民主党の法務大臣が戸籍をなくすことを最終目的にしていたらしいのも、この朝鮮下層民衆的発想と言えるのではなかろうか。

国王が京城から逃げ、臨津江《りんしんこう》についてみると船が五、六隻しかなく、ついてきた連中が船の奪い合いを始める。江を渡り、開城《かいじょう》の町に入っても宣祖に出す食べ物がなく、酒もお茶もない。それで一緒についてきた下男が自分の髻のなかに隠しておいた砂糖の小さな塊《かたまり》を出して、それに水を注いで出したという話がある。

そこで東北地方に行くか西のほうに行くか、北京方面に行って明に援軍を頼もうかと議論になる。やがて、昼になってからようやく地方の忠義な連中が来て、食料を分けてくれた。

だが、ほとんどの民衆は「王様は民のことを思わずもっぱら後宮《こうきゅう》を富ませた」と罵声《ばせい》を浴びせ、石を投げたという。

この後宮というのはどういうことかというと、金尚宮《きんしょうきゅう》という寵姫《ちょうき》、つまりお気に入りの妾がいて、その兄の金公諒《きんこうりょう》というのが盛んに賄賂《わいろ》をとったりしていたらしく、民衆はそれを憎んでいたのである。宣祖が石を投げつけられるのを見て、残り少ない廷臣のなかにも「王様に退位してもらったほうがいいのではないか」と言い出す者がいて争いになったとも言われている。

国王はさらに平壌《へいじょう》まで逃げたが、朝鮮宮廷の議論のテーマは日本といかに戦うかではなく、国王がどこに逃げるかが第一で、第二には明に援軍を頼むか否かであった。ところが、明の援兵が来ても、その暴掠《ぼうりゃく》は日本軍よりも酷いだろうという議論が勝って、援軍を頼むという主張は否決された。そして、国王はさらに国境の義州《ぎしゅう》に逃げることになったのである。

その間も民衆の宮廷に対する恨みは深く、掠奪《りゃくだつ》や攻撃が続いた。このとき国王に従った者は僅かに四、五十人だった。

## 秀吉の朝鮮行きを止めた家康と利家

朝鮮から秀吉のもとに届いた報告書には、いかに朝鮮が弱いかというようなことが書いてある。十万の朝鮮人は五十人で討つことができるとか、明軍は朝鮮軍よりさらに弱いと聞いているとかいった内容である。

朝鮮の土地が広大であることに驚いているのが面白い。半島というと錯覚を起こすが、朝鮮半島は本州とそんなに違わない大きさなのである。私も子供の頃に、「朝鮮半島といっても大きいんだ」ということを雑誌『キング』で読んだ覚えがある。そして当たり前の話だが、言葉も通じないと言っている。

日本軍は倭寇のように思われていて、日本軍を見ると誰もがさっさと山に逃げ、ごく少数で近づくと矢を射かけてくる。

食料不足で朝鮮の民は困っている。ハエが多くて水が悪く、水当たりする者が多い。だから、「秀吉は朝鮮に来るべきではない」というようなことを毛利輝元《もうりてるもと》が言っている。これはまだ連戦連勝中の頃の話である。

秀吉が来るのを止めたのにはいろいろな理由があるらしいが、もっぱら徳川家康と前田利家《まえだとしいえ》が止めたらしい。この二人は、秀吉も一目置くような大大名《だいだいみょう》だ。それが「どうしてもいらっしゃるというなら私が代わりに行きます。万一、上様に何かあったら大変困ります」と説得する。元来、秀吉は四国征伐のときに秀次を行かせた以外は、九州であろうが奥州《おうしゅう》であろうが、すべて自ら出陣している。もちろん、このときも行くつもりだった。明も朝鮮も九州の先にあるぐらいにしか思っていなかったようだ。だが結局、代わりに石田三成《いしだみつなり》、増田長盛《ましたながもり》、大谷吉継《おおたによしつぐ》の三奉行を監察官のような形で送り込んだ。ここから秀吉の甘いところがだんだん出てくる。

占領した京城では逃げた市民も戻って来て、商売なども再び行われるようになっていた。おおむね日本に協力的で、日本人を殺した人間を朝鮮人が訴えたり、密告したりするくらいである。軍規は相変わらず厳正であったが、「自分たちは日本人だ」と称して強盗を働く朝鮮人たちがいた。日本人が自分の牛を殺し、船に運び込んで酒を飲んでいると思ったら喋っているのは朝鮮語であった、という朝鮮人の話も残っている。

これはあとからわかるのだが、乱暴なのは日本軍よりも明軍で、さらにそれより質《たち》の悪いのが朝鮮人であった、と同じ朝鮮人の口から語られている。

京城が落ちてもまだシナに来援を頼まなかったのは、明の兵隊が来たら日本兵より酷いことをするのではないか、と朝鮮人は恐れていたからだ。日本は朝鮮を内地同様に支配し、朝鮮を根拠地にしてシナに入るつもりだったから、基本的に穏やかな政策をとっていた。

## 決定的な歴史の「ｉｆ」

小西行長の軍は平壌に向かったが、平壌まで一兵一馬も邪魔する者がなかったという。朝鮮の民衆は李朝を恨んでいるので、日本軍の邪魔はしない、むしろ応援するという立場である。六月十五日には大同江《だいどうこう》を渡る。明では、日本の進軍があまりに速いので朝鮮が案内役をしたのではないか、と疑って事情を調べさせたほどだった。

平壌に来ていた王の宣祖は、十一日には再び逃げた。小西軍は十六日に平壌城を占領する。食糧もそっくり残されていた。

逃げた王のほうは食べ物もなく、お付きの者も去っていく。皇后の輿《こし》を担ぐ五、六人を入れて一行は四、五十人にすぎなかった。こんなものは追撃すれば簡単に捕まえられたはずだが、小西は秀吉の意思とは裏腹に、あくまでも和平交渉をしたくて、明の援兵が来るまでむしろボーッとしていた。

一方、加藤清正は、これは打ち合わせの結果だろう、京城で小西軍と別れ、東北の山の奥地へ向かう。道の悪さにもかかわらず、猛烈な勢いで進んでいく。途中の永楽府《えいらくふ》というところでは、地元の人間が「二人の王子はこの奥を通って行った」などという立札を立てている。清正は途中、民衆を手なずけながら進み、民衆は食べ物や酒、果物などを進上する。まったく立場が逆である。

民衆が朝鮮の敵将を捕まえたり、逃げ込んだ者の首をとってきたりという具合だが、清正は降伏してきた者は殺さない。国王を恨んでいる会寧府《かいねいふ》の役人たちは、むしろ喜んでペコペコして清正に従う。そんなわけで、二人の王子・臨海君と順和君、その家来十数人は、近代で言えば満洲国境あたりの会寧で降伏してきた。清正は礼儀を尽くし、家来たちには王子の奥方たちの顔を見てはいけない、触ってはいけないという命令を出している。

この王子二人を捕虜にしたのが七月二十三日。国王・宣祖が義州に逃げ込んだのが六月二十二日。そして小西行長が平壌を占領したのが六月十六日。清正は、行長の平壌占領からひと月遅れで王子を捕まえたことになる。

この頃までは明もまだ援軍を送っていないし、朝鮮義勇軍も起こっていない。朝鮮水軍の活躍もまだである。戦争に「ｉｆ《イフ》」は禁物だが、状況をはっきりさせる意味であえて言うなら、行長と清正はお互い反対の道をとればよかった。

王子のほうは朝鮮の民衆が捕まえたようなものだから、おそらく行長が行っても捕虜にできただろう。逆に清正が平安道のほうを行けば、とっくに国王も捕まえて、朝鮮との戦いは終わっていた。本当に戦争は些細《ささい》なことで決まることがある。指揮官を誰にするかで運命が変わるのである。ミッドウェー海戦の時に、南雲忠一《なぐもちゆういち》中将ではなく山口多聞《やまぐちたもん》少将を指揮官にしていれば、米軍を殲滅《せんめつ》して日本が勝ったであろうという「ｉｆ」もあるが、それよりもさらに、この場合は決定的だった。清正が国王を追っていれば、べつに平壌まで行くこともなく途中で簡単に捕まえて、これで国王も世子も日本の捕虜になっていたはずだ。「朝鮮の役」はこれで終わりである。これぞ歴史の「ｉｆ」だ。

この頃、国にいる秀吉の母親・大政所《おおまんどころ》が病気になった。秀吉は七月二十二日にその知らせを受け取ったが、手紙がついたその日に大政所は亡くなった。秀吉は家康と利家に名護屋を頼んで急ぎ帰るのだが、関門海峡で座礁《ざしょう》してあやうく溺れそうになり、毛利輝元の養子・秀元《ひでもと》の船に助けられた。

帰って母親の死を知った秀吉は、嘆きのあまり倒れたという。天正十六年に母が病気になったときもほうぼうの寺に莫大な寄附をし、盛大に祈禱《きとう》させた秀吉は、菩提《ぼだい》を弔《とむら》うため高野山のなかに青巖寺《せいがんじ》を建てて、信長の菩提寺である大徳寺《だいとくじ》の総見院《そうけんいん》の隣りに葬っている。

## 日本水軍の欠陥

前述したように、秀吉の盲点は水軍であった。

足利幕府以来、ずっと日本が朝鮮や明と交流して貿易で儲けようと思うと、必ず「倭寇を禁じてくれ」と要求される。それで秀吉も倭寇を禁じた。

倭寇自体が貧しい連中だから、船はチャチだった。それをさらに潰そうとするから日本の水軍は全然進歩せず、幼稚なままだった。だから造船術ではシナとは比べ物にならなかった。鎌倉時代にも源実朝が宋に行きたくて船を造らせたが、シナの船には竜骨《りゆうこつ》(keel)があるので驚いたという話がある。船底を縦貫する骨組である竜骨も知らなかったのである。

倭寇だってシナ人が供給した船に乗ったりしているのだが、海軍というのは金がものを言う世界だから、国営でなければ絶対にいい船はできない。

日本の船は底が平らで帆を一本かけるだけだから、順風でないとろくに使えない。非常に遅れていた。朝鮮の役に参加した来島《くるしま》兄弟（通之《みちゆき》・通総《みちふさ》）の水軍も、元来は瀬戸内海の海賊だから大きな船を使わない。名古屋のあたりの湾で活躍した九鬼嘉隆《くきよしたか》の九鬼水軍も参加しているが、これも信長の下で戦ったときには毛利の水軍に負け、信長の工夫で鉄張りの船を造って勝ったという、その程度の水軍である。そのほかには藤堂高虎《とうどうたかとら》、脇坂安治《わきさかやすはる》、加藤嘉明《かとうよしあき》といった、いずれも陸の大将が水軍を率いていた。それに水軍と言っても海戦よりは輸送部隊の感じであったから、日本の水軍には総指令官がいない。

朝鮮側の水軍の大将は元均《げんきん》という男だったが、これは日本の素人の集団みたいな水軍に対して戦わずして逃げてしまう。代わって手ごわい李舜臣が出てくる。李舜臣は亀の形をした有名な亀甲船《きつこうぶね》という船を造った将軍である。

最初のうち日本の水軍は不利ではあったが、そう酷く負けたわけではない。ところが六月に入ると、多島海《たとうかい》（多くの島が点在する海）におびき入れられたりして大敗するようになる。このとき、李舜臣に弾丸が当たったといわれるが、軽傷だったのだろう。また、かつて亀井茲矩が秀吉からもらった「亀井琉球守殿」と書かれた金の扇が李舜臣の手に渡ったのも、このときである。名のある武将で死んだのは来島通之で、船を焼かれ、島に上がって切腹したと言われている。

劣勢が続いたため、日本の水軍が全羅道《ぜんらどう》をめぐって北上することはできなくなる。七月七日の閑山沖《かんざんおき》の戦いでは大きな敗北を喫する。これは朝鮮の歴史を書いた西洋人のハルバートが、「サラミスの海戦（注1）に匹敵する」と言った戦いで、脇坂安治の書いたものによると、「敵は大きな船で、味方は小舟だった。炮烙《ほうろく》に火矢を入れて投げ入れて焼かれてしまった」と言っている。

簡単に言えば、日本軍は海軍で押し進むことはできなかったということである。もし海上でも陸上のように勝っていたら、そのあとは楽だったろう。そのあとの戦いでいちばん苦労するのは、十分な食糧が運べなかったことだからだ。

その後、李舜臣は釜山の攻撃に行っている。ここで負けると大変だったのだが、結局その時は李舜臣の側の被害が甚大で、日本側は釜山・名護屋間の連絡が絶たれることはなかった。朝鮮側は例によって戦果を誇大に書いているが、日本は全羅南道を回ることはできなくなったけれども、釜山への海上の輸送路についてはまったく問題がなかった。だからこれは、同じ頃に西洋でイギリス艦隊がイスパニアの無敵艦隊を破った海戦（一五八八）のようなものではなく、朝鮮が勝ったといっても、朝鮮南部の小さな島が密集した場所で戦いが行われただけであって、洋上で戦うようなことは日本も朝鮮も両方ともできなかったということである。

では、日本が水軍で負けた理由は何かといえば、まずお話にならないくらい船が劣っていたこと。それから指揮官不在で、てんでんばらばらに戦ったことだ。前述したように、日本の水軍は海軍ではなく、元来は輸送船団なのである。戦闘を考えて総司令官を決めていない。それで海上の戦争ができるわけはない。

実際、戦いに参加した各大名の記録によると、日本軍はしょっちゅう喧嘩ばかりしていた。たとえば元均を破り、日本水軍が勝ったときでさえ、藤堂高虎と加藤嘉明が手柄争いで決闘しかかって、ようやく止められている。それから閑山沖の戦いでは、脇坂安治と加藤嘉明が勝手に突進し、一人が突っ込むと、陸上のセンスで先を越されてなるものかとみんなついていって負けてしまった。

（注1）**サラミスの海戦**　紀元前四八〇年、ペルシア戦争においてギリシア艦隊がペルシア艦隊を破った戦い。ヘロドトスの『歴史』に詳しい。

## 陸軍の孤立感

そうこうしているうちに突然、明軍が現れた。義州から鴨緑江《おうりょくこう》を渡って明国にまで行くかどうか迷い、平壌の城中でグズグズしていた日本軍を、女真族《じょしんぞく》との戦いで手柄のあった祖承訓《そしょうくん》という将軍が、夜中に風雨をついて奇襲した。日本軍は慌てて戦った。何の警戒もしていなかったのだ。いかに明をなめきっていたかがわかる。それでも日本は鉄砲で立ち向かい、大将格を二人も撃ち殺す。

明軍は騎兵でやってきたが、城のなかでは騎兵はあまり使いみちがない。明軍は総崩れになって逃げた。一夜に二百里逃げたと言うが、シナの一里は日本の六分の一だから、およそ三十里くらいであろう。日本軍は松浦鎮信《まつらしげのぶ》という大名が手を挫《くじ》き、脚に矢が当った程度の損害だった。激戦ではあったが、大将格が撃たれて逃げ返ったわけだから、明の宮廷は愕然《がくぜん》とする。

明では大司馬《だいしば》（兵部尚書《へいぶしょうしょ》＝軍務大臣）・石星《せきせい》や工部右侍郎《うじろう》の宋應昌《そうおうしょう》が、「朝鮮を助けるべきである。朝鮮は明の内地と同じようなものだ。属邦が攻められたときは助けるのが当たり前だ」と主張して兵を出すことになり、八月にまた平壌を攻めるが、これも撃退されてしまう。明の皇帝、神宗《しんそう》・万暦帝《ばんれきてい》は再び愕然として、「誰か行かないか、銀一万両の褒賞を出すぞ」と言うのだが、誰も手を上げる者がない。そのときに「私が話をつけましょう」と言って出てきたのが、沈惟敬《ちんいけい》というのちのち日本との交渉の立役者になる男だった。

沈惟敬は浙江省《せっこうしょう》の人間だが、この頃は北京にいて風采《ふうさい》がよく、日本について受け売りの知識があったので取り立てられることになった。彼は、「日本が来たのは、結局は貿易をしたいからでしょう。だから小西行長と交渉しましょう」と提言した。

その頃、秀吉の名代《みょうだい》として派遣された三奉行の報告がある。

「平壌では明の軍隊を破ったが、こちらの損害も少なくない。兵糧も十分届いていないし寒さで先に進めません」と言っている。たしかに平壌まで行くとまともな道路がないから、陸上を運んでいくのはほとんど不可能である。船で運ぼうとすれば朝鮮の水軍が待ち構えている。さらに、「朝鮮を平定したという話だったが、まだ平定などされていない。釜山から遼東《りょうとう》までは遙かに遠く、山もあり谷も多い。兵力は絶対不足です。明春、殿下に来ていただいて直接指揮を仰がなければどうにもなりません」と、そういう主旨の報告をしている。

釜山から遙かに平壌まで来て、しかも日本の船は来ないのだから、たしかに士気が上がるわけがない。海軍のいない陸軍の孤立感というのは、大東亜戦争のときに南の孤島で日本軍が体験したのと同じ頼りなさであったろう。このへんから、秀吉と行長の交渉とのズレがはっきりしてくる。

小西行長と宗義智は、そもそも柳川調信《やながわしげのぶ》という宗家の者を遣わし、朝鮮に対して「太閤は明に入りたがっているが、武将たちはそれを望んでいない。自分（柳川）は朝鮮から立派な位を頂いているが、その恩を忘れてはいません。明国と日本のあいだに和を結ばせたいのです。朝鮮も日本も元来うらみはないのだから」と言わせている記録がある。本来なら秀吉に報告すべきことを報告せずに、いろいろと交渉しているのである。

そこに明の沈惟敬が勅使《ちょくし》として現れた。行長はとにかく貿易を要求する。すると沈惟敬は、「日本の皇帝の格と位を上げましょう。交易もやりましょう」と答えた。行長はこの男を信用して、日本の武器を鳥銃を含めて贈っている。

ところが当時の明は日本を買いかぶり、黄海《こうかい》からいきなり渤海湾《ぼっかいわん》に出て、山海関《さんかいかん》あたりに上陸するのではないかと怖れていたようだ。だが、そんなことができるわけはない。日清戦争のときだってできなかった。北清事変《ほくしんじへん》（義和団《ぎわだん》の乱）のときに初めて上陸できたのである。

結局、明は本格的に戦うことに決め、李如松《りじょしょう》を大将にする。李如松は先祖は朝鮮人だが、満洲で手柄を立てて明の貴族になった男だ。そして遼東地方で二十二年間戦い、戦闘の経験も豊富だった。

## 秀吉の外交官はスターリン時代の日本共産党員

その頃、日本軍はどういう状況だったか。朝鮮の自然環境は厳しく、冬の用意はろくにしていない。毛利輝元も病気になる。秀吉の養子・秀勝《ひでかつ》（秀吉の姉・瑞龍院日秀《ずいりゅういんにっしゅう》の子。信長の四男で、やはり秀吉の養子となった秀勝とは別人）は、釜山近くの巨済島《きょさいとう》で病死してしまった（ちなみに、巨済島は秀吉から宗義智に与えられた）。もちろん秀吉は来ない。ゲリラが現れ、疫病も流行り始めた。日本軍はだんだん追い詰められてきた。

秀吉は多少タガが緩んできているが、さすがに陸上の戦いのことになるとまだ煌《きら》めくものを持っていて、「明軍は平壌に出てくるだろう、小西が危ない」と、小早川隆景に警告している。しかし、小西行長は聞き流していた。この頃にはいろいろな意見が出て、黒田長政《くろだながまさ》は京城（漢城）を守ったほうがいいと主張していた。平壌にいる行長は、「祖承訓がやられたので明人は肝を潰しただろうから、再び鴨緑江を越えて来ることはないだろう」と楽観していたのである。

行長は口数が少なく、戦いぶりもさほどバカにしたものではなかった。ただ、商売人の出身で妙に知識があるものだから、一途な清正に比べて軽薄に思われているところがある。このときも行長は沈惟敬を信じて、ひとまず休戦状態にしようと斥候《せっこう》も出さず、偵察も防備も怠っていた。まさに曠日彌久《こうじつびきゅう》、日を空しくして久しきにわたっていた。

明はたしかに臆病風に吹かれてはいたが、それでも天正二十年（一五九二＝文禄元年）十一月――明の万暦二十年十二月――四万五千プラス八千の騎兵、計五万三千が鴨緑江の氷を渡った。

秀吉も五奉行もあれこれ助言していたにもかかわらず、行長は沈惟敬を妙に信じて油断していた。それまで敵側の情報を伝えてくれていた朝鮮人のスパイもいつのまにか捕まって殺されていたから、情報もまったく入らなくなっている。

外交文書を主として担当していた景轍玄蘇《けいてつげんそ》という臨済宗《りんざいしゅう》の僧は、秀吉の言いたいことを伝えようとはせず、それどころか「日本は戦いをやめて中華に服したい」などと、まったく逆のことを書いていた。当時の外交僧や対馬の宗家は対等の講和などできないくらいに明を過大評価しているから、「和平交渉をしたい」というのが「降参したい」という表現になってしまう。

なぜそういうバカなことを書くのか、私は長い間わからなかったのだが、あるとき気がついた。こう考えたらどうか。

日本の僧侶はシナで禅宗を勉強したり位をもらったりしている。そこで、たとえばスターリン（注1）の時代にソ連に留学して偉くなった日本共産党員がいたとする。日本政府はそれを知らず、ただロシア語がよくできるからと彼に全幅の信頼をおいてソ連と交渉させたら、もしかしたら景轍玄蘇のように「講和したい」ということを「降参したい」と言い換えるかもしれない。

それと同じことではないだろうか。現代の例で言えば、朝鮮・中国の立場で喋っている小沢一郎氏ということになるだろう。韓国に行って、「天皇は朝鮮から来た」とか「桓《かん》武《む》天皇のお母さんは朝鮮人だ」とか「日本はダメな国だ」とか平気で言っているではないか。このときの玄蘇の応対は、いまの小沢氏に対韓国外交を任せたようなものであると言えるかもしれない。

（注1）**ヨシフ・スターリン**（一八七九〜一九五三）　ソビエト連邦の指導者。ボルシェビキ（ロシア社会民主労働党左派）の幹部として、レーニンが主導するロシア革命に参加。レーニン死後は一国社会主義を唱え、トロツキーをはじめとする反対派を追放、粛清して独裁体制を敷いた。

## 陸における日本唯一の敗戦

文禄二年一月八日、李如松率いる明軍が総攻撃をしかけてきた。平壌城に立て籠もる小西行長軍は約一万五千、明軍はおよそ四万五千。正味三倍である。それに朝鮮兵が二十万くらい加わったというが、朝鮮兵はこの戦いでは常に両軍から無視されていた。まあ、ほとんど戦力にならなかったのだろう。

それを逆手《さかて》にとって、李如松は朝鮮の軍装をした兵隊を南から攻めさせた。すると南のほうの日本軍は、「ああ、朝鮮軍か」と甘く見て本気で防禦《ぼうぎょ》しない。それが途中で朝鮮の軍装を脱ぐと、明の武装をした紛れもない明軍だったというわけだ。

激戦となり、李如松は大軍を率いながら攻めあぐんでいた。だが、城の食糧庫に火が入った。もう長くは戦えない。小西軍は氷に乗じて大同江を渡って逃げた。敗残軍は悲惨である。脚を引きずりながら這って歩く者、乞食のように食べ物を乞う者。ただ、朝鮮軍は一人も追撃して来ないし、明兵も追って来なかった。雪と氷のなか、案山子《かかし》のようなボロボロの恰好で十日ばかりかかって、小西行長たちは京城（漢城）の近くに辿り着いた。

明がこのときの戦果を調べさせたところ、李如松が平壌でとった首の半ばは朝鮮人のものであった。焼き殺された者、溺れ死んだ者一万余人もすべて朝鮮人だったという明の報告がある。行長も頑張ったから、向こうも手ごわいと思って追ってこなかった。だから本当に動けなかった日本兵だけが殺されたということだろう。飢えたり、怪我をしたりして逃げられなかった日本兵およそ六十人を殺したのが敵の戦果だった。

この平壌の戦いが、陸上で日本唯一の敗戦になった。三日しか城を守れなかったのは、油断していて攻め込まれてから慌てたということだ。講和を待っているうちにやられた。

小西軍ではない人たちも行長を信じて講和が近いと思っていたし、行長はまた沈惟敬という、信じてはいけないやつを信じていたという悲劇である。途中の鳳山《ほうざん》には、大友《おおとも》吉統《よしむね》が逃げたあとの空の城があった。開城《かいじょう》（平壌から京城に向かう途中にある都市）には黒田長政と小早川隆景がいたが、一緒に京城に戻ろうと言うのを長政は「おれは逃げない」と断った。だが、三奉行が「開城は地形からいっても守りがたいから引き揚げてくれ」と頼み、小早川隆景も説得されて、二月二十一日に全軍、京城に撤退した。

## 日本軍の鉄砲の威力

明軍はなかなか追ってこない。一つには、朝鮮がどこもかしこも荒れ果ててしまっているので、補給しながらでないと進めないということもあり、また政府も社会も崩壊し、秩序も何もなかったことも理由だった。

京城（漢城）に集まった日本軍は軍議を開き、籠城して京城を守ろうという案も出たが、「敵は大軍であるから囲まれたら食糧が困る。徹底的に決戦をやらなければいかん」という小早川隆景の意見を容れ、敵を碧蹄館《へきていかん》で待ち受けた。主力は小早川と毛利元康《もとやす》である。

「秀吉公は勝ち戦ばかりだ」と小早川が言う。

「自分は何度も負けたけれども勝ったこともある。おれの経験からいえば大丈夫、勝てる」。同じく先鋒隊《せんぽうたい》の立花宗茂《たちばなむねしげ》も同意見だった。こうして有名な碧蹄館の戦いが始まる。

明軍の先陣と立花が戦端を開いた。「敵軍は次から次へと攻めてくる」という立花家の記録が残っている。日本軍は一気に突進する旧式な戦法、向こうは隊伍《たいご》を調《ととの》えて攻める近代的な戦法をとっていることがよくわかる。だが、日本軍は明軍を引きつけておいてから銃撃し、斬り込んでいった。明軍は総崩れとなって李如松も落馬し、首を掻《か》かれるところを危うく部下に助けられて命からがら逃走した。

向こう側の記録によれば、明軍には鉄砲がないうえ刀も短く、日本軍に斬られ放題斬られたという。しかも逃走中に河の氷が割れ、溺死する者もいて、このとき多くの将兵を失い、李如松はすっかり戦意を喪失した。考えてみれば、日本は覚悟の戦いだった。向こうは平壌で小西行長が逃げ出してから、あとは弱兵のみと油断して攻めて来てやられたわけだ。

日本の武器はなんといっても鉄砲だった。このとき、参戦している大名が国から送ってほしいものを聞かれると「鉄砲だ、鉄砲だ。ほかに何もいらない」と口を揃えて答えたという。たとえば、たまたま記録が残っている立花宗茂の軍隊を見ると、二千六百人の兵隊に鉄砲三百五十挺、槍は六百四十一本。だから鉄砲は七・四人に一挺、槍は四人に一本くらい。それに日本は一斉射撃という戦術を知っていた。これは日本では信長以来の常識的な戦い方だが、明軍は知らなかった。それで非常な打撃を受けた。

槍の威力も大きかったが、「馬を斬れば馬を斬り、人を斬れば人を斬る」というような表現が向こうの記録にあるから、やはり日本刀はよく斬れたらしい。

# 第7章

# 官僚の屈辱外交と日本軍の活躍

## 本当に強かった三人の武将

明《みん》軍は完全に委縮してしまった。李如松将《りじょしょう》軍は病気と称して辞任を申し出る。引き揚げる途中も連日大雨、道路分断、食糧なし、馬も全滅。しかも清正《きよまさ》が山を越えて平壌《へいじょう》に出てくるという噂が出たものだから、全軍慌てて大同江《だいどうこう》の北まで行ってしまった。明軍も脆かった。一撃で二度と出てこられなくなった。

一方、清正はみんな帰ってきているからと、文禄《ぶんろく》二年（一五九三）二月、雪のなかを傘もなく簑《みの》もない状態で苦労して京城《けいじょう》（漢城《かんじょう》）へ戻ってきたら、自分たちの入る陣営の準備もなかった。それで南大門《なんだいもん》の下で休んだが、そこには男女牛馬の死体が転がって臭気耐え難かったという記録がある。当時の京城偲《しの》ぶべし。

文禄二年の三月頃に渡海すると秀吉は言っていたが、とてもそんな状況ではなくなった。兵糧《ひょうろう》はないし、手負いは多い。石田三成《いしだみつなり》から小早川隆景《こばやかわたかかげ》まで大名全員の署名入りで、「来てくださるな」という手紙が届く。これは「もう戦争はしたくない」という意味だ。出征している大名たちは誰もが和平を望んでいた。その手紙には「日本軍も京城で餓死するような状況になっている。小西行長《こにしゆきなが》が明の使いを連れて名護屋《なごや》へ行くであろう。明も講和には熱心である」とも書かれていた。講和を望んでいないのは、自分では戦争のできない朝鮮王だけという状況であった。

　四月七日に撤退命令が出る。破竹《はちく》の勢いで京城に入ってから一年たらずで引き揚げることになった。朝鮮は不衛生で、暖かい三月、四月になると病死者が出て苦労する。自分たちが造った砦《とりで》を焼きながら撤退し、殿軍《しんがり》は鍋島が務めて、約一カ月で京城から蔚山《うるさん》に戻った。ただ敵が追いかけてこないものだから呑気《のんき》で、芸人や歌姫や楽師を集めて日夜ドンチャン騒ぎをしながら帰って来たらしい。

　講和を進めながら、同時に秀吉は晋州《しんしゆうじよう》城攻めを命じている。これは前年の十月、細《ほそ》川忠興《かわただおき》が攻めて落とせなかった城で、ほかの戦場ではすべて勝っているにもかかわらず、地図上のそこだけポツッと未勝利を示す黒点があったものだから、秀吉は自尊心を傷つけられたらしい。「講和は進めるが、晋州城だけは絶対に落とせ」というわけで、文禄二年六月に、二万五千人を動員して攻めた。敵は軍民あわせて六万人、そのほとんどすべてを討ち取ったと言われている。

　城攻めには加藤清正の軍も加わり、黒田長政《くろだながまさ》も参加している。このときに竹の束で敵の矢を防いだとか、兵を掩《おお》った櫃《ひつ》が亀の甲のように盛り上がった「亀甲車《きっこうしゃ》」を作って、敵が弓を射ようが石を投げようがこれを突進させ、城壁の石を崩して城へ攻め込んだとかいう話がある。

細川家のために言っておけば、天正《てんしょう》二十年（一五九二＝文禄元年）に最初にこの晋州城を攻撃したときは、二万五千人が立て籠もっているところに、その何分の一かの少数の軍勢で攻めたのだから、これはいくら朝鮮兵が弱くても無理な話だった。城を落とすには三倍の軍勢が必要だというのが常識である。それでもそのとき、敵の大将は倒しているのだから細川軍は善戦したと言ってよいであろう。

ここでわかるのは、どんな戦場でも必ず勝つ大将というのがいるということだ。一挙に満洲国境近くの会寧《かいねい》まで追い詰めて朝鮮の王子二人を捕虜にしたこともそうだが、加藤清正が行けば必ず城を落とし、結局、勝利する。あとで触れるが、日本軍が築いた蔚山城も、加藤清正がいなければ落ちていた。秀吉は常に勝っていたから、その部下の誰が本当に強かったかはわからなかったと思う。誰がやっても、どっちみち勝つのだから。

ところが、こういう負け戦《いくさ》が加わった戦いでは本当に強い者がわかる。この朝鮮の役《えき》で本当に強かったのは立花宗茂《たちばなむねしげ》、小早川隆景、それから加藤清正、それに島津義弘《しまづよしひろ》。この四者が際立って強いことがわかった。国内の戦いでは、長久手《ながくて》の敗戦中でも勝った堀《ほり》秀政《ひでまさ》の名を挙げるべきだろう。

大東亜戦争でも、ビルマの国境地帯から一人の負傷者も見捨てずに部下の全軍を無事に引き揚げさせた宮崎繁三郎《みやざきしげさぶろう》少将のような人もいる。ノモンハンでも宮崎部隊は勝っている。戦場というのは必ず勝つ将軍がいて、どんな敗戦のときも必ずうまくやる指揮官がいる。それが早くわかって総大将にすれば百戦百勝ということになる。若い頃の秀吉がそういう武将だったわけだ。秀吉は、信長が敗れた戦いでもうまく殿軍を務めている。

## 噛みあわない和平交渉

明が「講和」という場合は、「日本が降伏した」という意味。日本が「講和」という場合は、「明が謝罪する」という意味になる。朝鮮が「講和」という場合は、「日本に通信使を出す」ということだ。すべて意味が違う。

秀吉も、これはもう無理だと思ったから講和を考えたのだろう。若い時なら「水軍を建て直して……」などと考えたかもしれないが、そんなエネルギーはもうなかった。

制海権をとれなかったのが一番の失敗だったと思う。マハン（注1）に『海上権力史論』という著書があるように、制海権というのは非常に重要なのだが、大東亜戦争では制空権が鍵となった。

制空権をとるのは戦闘機である。戦闘機が自由に空を飛んでいたら、雷撃機も爆撃機も活躍できなくなる。また、船は海の上にいられない。だから戦闘機が勝てば、制海権は自然にとれる。私にも「戦闘機が勝っているときが日本の勝っているときだったなあ」という子供時代の強烈な記憶がある。

戦後、源田実《げんだみのる》氏（注2）のお宅を訪ねて直接お聞きしたところによれば、日本軍はそれに気づくのが意外に遅かったのだそうだ。これは絶対に戦闘機だというので、最後の頑張りで紫電改《しでんかい》を松山に集めた。すると、襲ってきたアメリカのヘルキャットをも紫電改はバタバタ落とした。その頃のアメリカ軍は日本をなめきっていたのだが、まだこれだけ強い戦闘機があったのかとびっくりして、日本に迫っていた機動部隊がマリアナまで引き下がるということがあった。

それに相当するのが、この時代は船だった。それにいかに早く気がつくか、である。日本に制海権がなかったら、とても大陸での戦争はできない。何しろ船で渡っていかなければならないのだから。

しかし、秀吉は負けたとは思っていないから講和の条件を考える。それは七カ条あっ

たが、とくに重要なのは、
明の皇女を日本の天皇に差し出すこと。

足利《あしかが》時代の勘合《かんごう》貿易のような通商を行うこと。

京城附近の南部四道を日本に譲ること。

この三つだった。

明のほうは、要するに「秀吉を日本の王に封ずればいいのだろう」くらいにしか考えていない。これでは話が合うはずがない。

ところが、仲介する人物が秀吉の条件を明に伝えない。明の考えていることも秀吉に伝わらない。そんな状態で両方とも講和しようとしているのである。

ただ、秀吉は講和のために撤兵はしたが、朝鮮沿岸に十六の城を築いて「引き続きここをしっかり守れ」と命令を出している。そして文禄二年（一五九三）六月二日、清正が捕まえた朝鮮の王子二人を返した。

両方の文書を見ると、明も日本も「要するに朝鮮が悪かったんだ」ということで講和を進めている。朝鮮はたまったものではない。

全権ではないが、明から一応使いがきたので、秀吉は厚くもてなす。ところが、通訳の景轍玄蘇《けいてつげんそ》は「平和になったら日本は明の属国になる」と約束し、「明の先鋒《せんぽう》になって韃《だっ》靼《たん》(タタール)を討つでしょう」などと、相変わらず秀吉が聞いたら怒り狂うであろうとんでもないことを言った。

この講和の間に晋州城を攻めて落としているが、それ以外は休戦状態だった。小競り合いはあったが取り立てて言うほどのものはなく、朝鮮に残っていた加藤清正は虎狩りなどをしている。

(注1)**アルフレッド・セイヤー・マハン**(一八四〇~一九一四)アメリカの軍人・歴史家。海軍大佐に昇格後、米海軍大学の初代教官。海戦術を講義し、第二代校長となる。海軍戦略の古典的権威として知られ、その著書は世界各国で訳されている。

(注2)**源田実**(一九〇四~一九八九)海軍軍人・航空自衛官・政治家。真珠湾攻撃、ミッドウェー海戦などで航空参謀を務める。大東亜戦争末期には新鋭戦闘機紫電改を松山基地(愛媛県)に集中配備させ、自らその司令官となった。戦後は自衛隊航空幕僚長に任じられ、防衛庁辞任後は参議院議員を務めた。

## 秀吉の独立国家意識と家臣たちの属国根性

明や朝鮮からの使節は、秀吉が出した講和条件七カ条を知っている。しかし、明の朝廷に報告はしない。「こんな条件を突きつけられて帰ってくるバカがあるか」と叱られ、処罰されるから、報告できないのである。

一方、明のほうは秀吉に降伏状を出せという。秀吉にはやはりそんなことは言えないから、明の沈惟敬《ちんいけい》が偽作する。小西行長と相談したとも言われる。

ところが、清正は秀吉の条件に最後まで忠実であるべきだと思っている。詳しい交渉のプロセスは知らなくとも、秀吉の出した条件を清正は知っていた。

講和自体に関しては、行長も清正も反対ではない。しかし、清正はあくまで秀吉の条件を金科玉条《きんかぎょくじょう》としていた。行長のほうは、明の皇女をもらうのも、南部四道の譲渡もとても無理だと思っているが、しかしそれを口にすることはできない。

沈惟敬は、「秀吉は日本の皇女を明の皇帝の妃にしてくれと言っている」などという報告書を書いている。まったく嘘の応酬だから、話がまとまるわけがない。

講和に反対だったのは朝鮮王だけで、日本に対して恨み骨髄《こつずい》だから「戦ってくれ」と明に頼むのだが、朝鮮はますます荒れ果ててそんな状況ではない。

そこに小西如安《ジョアン》が講和の表に出てくる。この男は元来は内藤忠俊《ないとうただとし》という大名だったが、小西行長の重臣として朝鮮の役にも参加し、キリシタンでもあった。「如安」は洗礼名ジョアンに漢字をあてたものである。如安は文禄三年に使者として北京に赴《おもむ》いて、王侯のようなもてなしを受けた。この男が明に対して伝えたのは、大まかに言えば次の三つである。

一、明から封《ほう》（位）をもらったら、釜山《ふざん》、対馬《つしま》から引き揚げる（実際には、朝鮮の南半分の四道を寄こせと秀吉は言っている）。
二、秀吉は貿易を求めていない（これも逆）。
三、朝鮮とともに明の属国になる。

——秀吉が知ったら怒り狂いそうな、じつにとんでもないことを言っている。

如安はアジアの国をよく知っていて明国を高く買っているので、こうでも言わなければ講和は成り立たないと思っていたのだろう。これまで講和に当たった人たちも出鱈目《でたらめ》だったが、如安もその例に漏れなかった。

明の朝廷は如安に十六ほどの質問をしていて、その十二番目に「秀吉は六十六州を平定して自力で王になっているのに、なぜ明から王に封じられたいのか」という実にもっともな疑問があった。すると如安は、「朝鮮は明から朝鮮王という位をもらって人心が安定している。日本でもそうしたい」と答えた。

質問の十三。天皇という存在があるのに、なぜ秀吉は国王の地位を求めるのか。天皇と国王は同じなのか。これに対しては、「天皇と国王は同じです。信長が天皇を殺してしまったので、新しく秀吉を立てて国王にするのが国民の望みです」とこれまた無茶苦茶なことを言っている。

「秀吉を国王に、そして小西行長は世襲の西海道大都督《さいかいどうだいととく》に、石田三成や増田長盛《ましたながもり》や大谷《おおたに》吉継《よしつぐ》などを大都督に、外交にあたった玄蘇を日本禅師に、家康や前田利家《まえだとしいえ》のような大大《だいだい》名《みょう》は亜都督（次官）に封じてほしい、そして対馬藩の者には下級武士にまですべて位を与えてください」と、如安は位まで具体的に提案している。これらはまったく如安が勝手に言ったことで、加藤清正、黒田長政などの名前はこのなかに入っていない。

こんな出鱈目な外交交渉が、秀吉の知らないところで進んでいたのである。

行長や如安は、明から属国扱いされてもまあ当然と考えている。禅宗の坊さんなどは、足利時代から日本が明の属国であるかのような書き方を常にしている。秀吉に独立国家の意識があるのが、むしろ異常にさえ思えてくるほどだ。

明は「それならよかろう」と、正式な講和の使者を送ることにした。

## 「地震加藤」

秀吉は明の使者を華美を極めた壮麗な伏見城《ふしみじょう》で迎え、一大軍事パレードを行って驚かそうとしていた。ところが大地震が起きて、計画はぶちこわしになってしまった。

このあたりから、秀吉から「天運」が離れた感じがする。若い頃の彼は強運の人だった。たとえば高松城の水攻めのとき、堤を築いたら空前の豪雨が降って、たちまち城が水に浸《つ》かった。この「運」を見て、参謀の黒田官兵衛《かんべえ》（如水《じょすい》）は秀吉にはかなわないと悟ったという。ところが、何百年に一度の大地震が起こって秀吉の外交計画を狂わせたのである。「運」と言っても「ツキ」と言ってもよいと思うが、秀吉からそれがなくなったのだ。

地震は凄まじいものだったらしい。京都中で寺が倒れ、秀吉の建てた仏像も倒壊し、死者は数万人に及んだ。しかも、およそひと月にわたって断続的な地震が続いたという。元来、地震の少ない関西では以後、平成七年（一九九五）の阪神淡路大震災までなかったほどの大きな地震だった。イエズス会士などは「驕《おご》り高ぶっている秀吉に神が怒って罰があたったのだ」と、ソドムとゴモラの滅亡のような言い方をしている。

大地震が起こったとき、清正は秀吉から謹慎を命じられていたのだが、勘気《かんき》を被《こうむ》ってもかまわん、と力のある連中三百人くらいを連れ、梃子《てこ》などを持って伏見城の秀吉を助けに行った。秀吉は北政所《きたのまんどころ》と一緒に大広間の白砂《しらす》に毛皮を敷いて屏風《びょうぶ》を張り巡らしていたが、いち早く清正が駆けつけたので大いに喜んだという。「地震加藤」という有名なエピソードである。

清正が謹慎させられたのは、石田三成や小西行長から「清正が明との講和を妨害している」という報告があったからである。

秀吉の強硬な条件を金科玉条としていた清正は、「秀吉公の出した条件を呑ませてから講和すべきである」と主張する。行長にしてみればまず講和が先で、条件はあとから交渉すればいいという意見だった。朝鮮の現場で二人が対立しているものだから、講和使節の渡来も遅れる。これでは埒《らち》が明かない、と行長は四月にいったん帰国して、一部の兵を残して朝鮮から撤退する許可を秀吉から取りつけ、捕虜の朝鮮の王子二人を返すことも許された。

清正は非常に不満である。自分が捕まえた王子二人を返すというのに、朝鮮では清正のせいで講和が進まないのだ、と清正暗殺まで計画された。戦っては負ける朝鮮人が暗殺でかたをつけようとしたのは伊藤博文《いとうひろぶみ》だけではないということである。

行長だけでなく、三成と清正の仲の悪さも有名である。三成は慶長《けいちょう》の役では秀吉死後の引き揚げ業務を遂行したが、ほとんど内地にいたので前線で大変な思いをした武将たちからは楽をしていたように思われていた。その感情の対立はのちに決定的になった。明との講和のときも行長の言を容れ、清正を講和妨害者と報告したので秀吉の怒りに触れたのである。清正は〝告げ口〟した三成を憎み、「八幡大菩薩、治部《じぶ》（三成）とは一生中直《なかなお》りは仕《つかまつ》るまじく候」と言い、切腹しても仲直りしないと言った。

この時点で秀吉は、明からは「詫び」がきて、朝鮮からは王子を返した「お礼」の使者が来ると思っていた。ところが、そうはいかなかった。

## 秀吉大いに怒る

明の正使は李宗城《りそうじょう》、副使は楊方亨《ようほうこう》。沈惟敬は参事官のような形でこれに加わった。ところが、正使の李は釜山から逃げ出してしまった。この李という男の先祖は明の建国に功績があったというので高い位を得ていたのだが、要するにお坊ちゃんだったようだ。日本は使節の首を斬るつもりだという噂を聞いて、恐ろしくなって逃げ出したのだという。

釜山では馬や地図、『孫子』をはじめとする武経七書《ぶけいしちしょ》などの贈り物を調《ととの》えた。李が逃亡したので楊が正史、沈惟敬が副使ということになった。沈惟敬は、とにかく大金がなければ交渉ができないと言って、大司馬《だいしば》の石星《せきせい》から二万両受け取っている。賄賂《わいろ》をとって集めた金らしい。

明としては秀吉を日本国王に封ずるつもりである。小西如安が交渉したときの文書に「小敵日本、封を求む」という言葉があるから、如安は「日本は朝鮮や琉球と同格だ」という認識を明に植え付けたらしい。

朝鮮はこの講和条約には反対だった。さすがに朝鮮は秀吉が何を望んでいたかを知っていたからである。国王になどしてほしいわけではないということも。

さて、前述した大地震で伏見城は大天守まで崩壊してしまったので、秀吉は比較的被害の少なかった大坂城で明の使者、楊方亨と沈惟敬を迎えることになった。

使者は封冊《ほうさく》（天子の下す任命書）と金印、冕服《べんぷく》（位の高い人の礼装用の冠と衣服）を献上していた。秀吉は冕服を身につけて使者を引見し、僧・承兌《じょうたい》に封冊を読ませた。

じつは小西行長は、前もって「封冊には沈惟敬の言っていることと違うことが書いてあるかもしれませんが、そういうところは読まないでください」と承兌に頼んでおいた。しかし、承兌はかまわず読み上げた。

「ここにとくに爾《なんじ》を封じて日本国王と為す」

この言葉を聞いて秀吉は烈火の如く怒り、明が献上した冠と衣服を脱ぎ捨てると、「国王になど明の小せがれに任じてもらわなくともいつでもなれる。そもそも日本には天皇がおわします。わしが国王になったら天皇をどうするのだ」と一喝した。

そして小西行長を呼び出し、明使とともに誅殺《ちゅうさつ》しようとした。これは承兌のとりなしで免れたものの、明の使いを追い返し、秀吉は再び朝鮮征伐を命じた。

このとき、秀吉は怒りのあまり「封冊を破り捨てた」というのだが、これが伝説にすぎないことは、この封冊を堀尾吉晴《ほりおよしはる》が預かり、のちに親類の伊勢亀山《いせかめやま》の石川子爵家に伝わって国宝に指定され、いまは大阪市立博物館が所蔵していることからも明らかである。そもそも封冊は厚手の綾織物《あやおりもの》であり、表装も厚絹だから、簡単に破り捨てるわけにもいかないのである。

その場にいたイエズス会士によると、明の使いも無事に帰ったらしい。ただ、沈惟敬はいい加減なことを言っていたのがばれ、しかも楊方亨がすべての罪をなすりつけたものだから、帰国後、スパイ容疑もあって北京で処刑されたという。

楊方亨と沈惟敬は秀吉に、「誤解があったのは冊封を読み間違えたからでしょう。明の皇帝も朝鮮人のけしからんことは認めていますから、朝鮮を許し、日本軍をすべて撤退させてください」などと懇願している。

しかし、講和が決裂した以上、どうしようもない。清正一人、「そら見たことか。王子をさっさと返したりするからなめられるんだ」といいばっている。

ついでながら、明の国書のなかには「日本は貿易などという望みは抱くな。釜山に一兵も留めてはいけない。二度と朝鮮に出てくるな」というようなことも書いてあった。

明が貿易をいやがっているのは不思議なようだが、これは倭寇《わこう》にいかに悩まされたかの証であろう。「もう日本とはつきあいたくない。王様にでもなんでもしてやるから、もう出てくるな」ということだ。

文禄二年（一五九三）四月に、小西行長が京城で明の使者と会って最初の和平交渉を行い、五月には名護屋で秀吉が明使を謁見《えつけん》、翌月に朝鮮の二王子を返している。しかし同月、日本軍が晋州城を攻撃したので、明と朝鮮は不信感を持つ。文禄三年十二月に小西如安が北京に入って出鱈目な交渉をする。翌文禄五年（一五九六）四月二日に正式の講和使が出発し、日本を冊封国《さくほうこく》（明から爵位を授けられた国）とするという文面に秀吉が激怒して九月に講和が決裂する。――これが大雑把《おおざっぱ》な流れである。足かけ四年、まる三年の間、グズグズと和平交渉をしていたわけだ。

明としては講和が伸びればまた日本が出てくる可能性があるし、ヌルハチが勃興《ぼっこう》しているから（ヌルハチは満洲族の王で、明軍を破って建国し、のちに清《しん》の太祖《たいそ》とされる）、北京の宮廷も安閑《あんかん》としていられない状況ではあった。

一方、秀吉は体調を崩していた。その頃の文献に、咳が出るとか腹をこわしたとかいう記述が出てくる。とくに文禄五年四月十七日には、「太閤《たいこう》様、去る十五日の夜、御覚えなく小便垂れさせられた由」とある。小便垂れ流しになるほどだったのである。

## 秀頼誕生と〝殺生〟関白

この三年間の休戦の間に日本で大事件が起こる。文禄二年（一五九三）八月三日、淀《よど》君《ぎみ》との間に秀頼《ひでより》が生まれ、秀吉の跡継ぎができたのである。

鶴松《つるまつ》の時は「お棄《す》て」――棄丸《すてまる》と名づけたので今度は「拾う」――拾丸《ひろいまる》という名前にした。このとき秀吉五十七歳、淀君二十七歳。もう子供を諦めていた秀吉は、伊勢大神宮でお祓《はら》いした着物を着せたりして大いに喜び、朝鮮に大軍を送っていることなど忘れたような観さえあった。

秀吉の関心は、明らかに海外よりも跡継ぎ問題に向かい、鶴松が死んだときに関白《かんぱく》にした甥の秀次《ひでつぐ》の二女と、生まれたばかりの拾丸（秀頼）を一緒にさせることも考えたらしい。だが、だんだん秀次を排除する方向に動いていく。

秀吉はもともと秀次をあまり好きではなかった。弟の秀長《ひでなが》（大和大納言）のことは非常に信頼していたし、事実、大変役に立つ男だった（天正十九年＝一五九一年病没）。ところが、甥（姉・日秀《にっしゅう》の子）の秀次はそうでもなかった。

だが、息子・鶴松が天正十九年八月に亡くなってしまったので、同年十一月に秀次を養子とし、さらに翌十二月に豊臣姓を贈り、関白職を譲った。このとき、秀次二十四歳。十八歳のときに紀伊四国攻めの功により近江《おうみ》四十三万石、小田原の役のあと、信雄《のぶかつ》の旧領を継ぎ、二十三歳で尾張・北伊勢百万石。次いで家康とともに奥州《おうしゅう》を攻め、内大臣となり、さらに翌年、関白になる。そして聚楽第《じゅらくてい》の主人として二度も後陽成《ごようぜい》天皇を迎えている。大変な出世ぶりである。

ただ、小牧《こまき》・長久手の戦いでは三河奇襲攻撃の指揮を取り、逆に家康軍の奇襲を受けて惨敗し、池田恒興《いけだつねおき》や森長可《もりながよし》を失って、秀吉に「おれの代わりになるかと思っていたが、面目ないから手打ちにする」と言われたくらい激しく叱責されている。

秀次自身、利口な男ならよかったが、秀吉のマイナス面ばかり学んだところがあった。秀頼が生まれたとき、黒田如水は「ちょっと危ないぞ」と思ったのだろう。秀次に「太閤の代わりに朝鮮に行ったらどうですか。命令系統がすっきりして凱旋《がいせん》も早くなりますよ」と助言したのだが、耳を貸さなかった。

書物は好きで、文芸にも関心があったようだ。奥州に行ったときに中尊寺《ちゆうそんじ》の大蔵経《だいぞうきよう》を持ち返ったり、足利学校や金沢文庫の本を手に入れたり、大和路の寺の坊さんたち十七人に『源氏物語』を写させたり、『日本書紀』三十五巻を朝廷に献呈したり、謡曲百番抄を五山《ござん》の僧につくらせたり、いろいろなことをやっている。

秀次にそういう趣味の下地があったことはたしかである。ただ、公家《くげ》との交際もあったろうし、当時、仕《つか》えていた後陽成天皇が非常な書物・学問好きで、四書(『大学』『中《ちゆう》庸《よう》』『論語』『孟子』の四つの書物の総称)の勅版《ちよくはん》まで出した方だから、それに合わせたということもあったろう。それから、学問のない叔父《おじ》の太閤・秀吉と張り合う気持ちもあったと思われる。

しかし、要するに物好きなコレクターだったのだろう。家康も書物が好きだったが、彼は中身を熟読し、それを政治に生かすために『貞観政要《じょうがんせいよう》』や『論語』を勉強した。だが、秀次はただ集めたいから集めた。柴田勝家《しばたかついえ》の纏《まとい》の金幣《きんぺい》（金色の御幣《ごへい》）だとか、変なものまで集めている。弘法大師の普請帳《ふしんちょう》の一つを高野山《こうやさん》の木喰《もくじき》上人から取り上げたり、紀貫之《きのつらゆき》の筆とされる万葉集を前田利家の夫人が持っていると聞いて借りて切り抜いたりしている。することがやはり少しおかしい。

一方で、「摂政《せっしょう》関白」にかけて〝殺生《せっしょう》〟関白とも言われた。辻斬りを繰り返し、盲人まで斬り捨てたり、また正親町《おおぎまち》上皇が亡くなっても精進潔斎《しょうじんけっさい》をせず、殺生禁断の場所である比叡山《ひえいざん》で鹿狩りをしたり、鉄砲を撃ったりしたためでもある。

## 秀吉ご乱心

秀頼が生まれたばかりの頃は、前述のように秀次の娘をもらおうという考えも秀吉にはあったが、次第に疑心暗鬼《ぎしんあんき》になって二人の間に緊張関係が生まれ、ついに秀吉は秀次に謀反《むほん》の疑いをかける。たしかに、家康を味方につけるべく秀忠《ひでただ》を人質にしようとして失敗するなど、秀次はおかしなことをしていた。秀吉が詰問したのは、戦時のような兵隊を集めていること、いろいろな大名から誓紙《せいし》をとっていることだった。結局、秀次は高野山に追放となり、そこで切腹させられた。——そこまではいい。

秀吉らしくなかったのは、秀次の遺児、正室、側室、侍女《じじょ》あわせて三十人近くを処刑したことである。そのなかには、仲のよかった右大臣・菊亭《きくてい》（今出川《いまでがわ》）晴季《はるすえ》の娘もいた。罪もない女を何十人も死刑にするなど、狂ったとしか思えない。

そのうえ、秀次の住んでいた聚楽第を徹底的に破壊し、周辺の諸大名の贅沢《ぜいたく》な屋敷もすべて壊してしまった。破壊した聚楽第の一部をもらった人もいて、前田利家がもらったなかにトイレがあり、そこには金が貼り付けられ、極彩色《ごくさいしき》の絵が描かれていた。「謀反を起こす人間がこんなことをするだろうか」と利家が訝《いぶか》ったという話もある。

こういうことをすると、信長のときと同じことが起こる恐れがある。信長も自分の権力が確立したあと、昔から仕えてきた人たちを突然、罰したり追放したりした。そうすると、いつかは自分もやられるのではないかと家臣たちは疑心暗鬼になる。明智光秀《あけちみつひで》も疑心暗鬼にかられ、信長に対して謀反を起こしたのだという有力な説がある。

秀次も関白職を譲られ、一時は秀吉の跡継ぎに決まっていたから、秀次に近づいた大名も大勢いた。そういう大名は自分に余波が及ぶのではないか、と心配する。秀次に取り入って金を借りた大名もいた。たとえば、細川忠興は黄金二百枚を借りていた。秀次が失脚したのを見てこれは危ないと感じた忠興は家康にあらためて借りて、秀吉に返した。秀次と親しかった浅野幸長《あさのよしなが》も一時危なかった。伊達政宗《だてまさむね》は施薬院全宗《せやくいんぜんそう》のアドバイスに従って早々に大坂へ行き、自分の息子を幼少の秀頼に仕官させて危機を切り抜けた。大名たちは戦々恐々《せんせんきょうきょう》だった。もはや、かつての秀吉ではなくなっていたと言えるだろう。

秀頼が二歳になると、完成したばかりの伏見城へ秀吉とともに移り、前田利家が守役《もりやく》を命じられる。秀頼に忠誠を誓う起請文《きしょうもん》を作り、諸大名に血判署名させてもいる。さらに大名同士の結婚を許可制にするとか、大名同士で誓約を交わすことを禁止するとか、さまざまな法をつくり（これらが徳川幕府のお手本となった）、五大老・五奉行の職制を定めるなど、秀頼を補佐する体制を整えた。秀頼は三歳で参内《さんだい》して、従五位上《じゅごいじょう》の位を賜《たまわ》っている。

そんな頃に明の使者が来て、講和が決裂したのである。

## 朝鮮懲罰が目的だった慶長の役

明使を追い返したあと、直ちに第二次出兵となった。これは「慶長の役」と呼ばれる。第一次出兵の「文禄の役」は明が目的であり、朝鮮など相手にしていなかったのに対し、今度の目的は明らかに朝鮮征伐にあった。「明との講和を何年にもわたって妨害したばかりでなく、王子を返してやったのに王子自ら謝礼にも来ず、明に言われてから卑《いや》しい役人を使いに寄こした」というのがその理由であった。

秀吉はやはり苦労人で、直感的に南朝鮮の城を進駐軍として残しておいたから、すぐに戦が再開できた。清正も、秀吉の信頼を取り戻そうとする小西行長も再び出陣した。だが、水軍は藤堂高虎《とうどうたかとら》、加藤嘉明《かとうよしあき》、脇坂安治《わきさかやすはる》が率い、本来の水軍である九鬼《くき》や来島《くるしま》は外されている。これは前の戦いで役に立たなかったからということらしいのだが、もしもそれが本当だとすれば、秀吉のボケも相当なものである。

水軍で酷い目に遭ったのだから、これが信長なら九鬼、来島というプロに資金を出して、どういう船を造ったら戦えるかという相談をしたであろう。にもかかわらず、逆に素人《しろうと》の大名を起用している。さらに、作戦はみんなで相談して多数決にしろなどと言う。

海上の戦闘が相談しながらできるわけがない。秀吉は完全にネジが二つ三つ、緩んできている。

動員したのは前回のだいたい半分、十四万強。結果的に占領したのは、全羅道《ぜんらどう》と慶尚道《けいしょうどう》だけだった。京城（漢城）にも行かなかったのは、そのあたりに物資がないことはわかっていたし、すでに朝鮮は荒廃を極め、道路もよくないから釜山からの輸送が難しいこともよくわかっていたからである。文禄の役のときは敵がどんどん城から逃げていったものだから倉庫に食糧がいっぱい残っていたのだけれども、今回はそれも望めない。

しかも朝鮮は、支那事変のときにシナ軍も行った清野《せいや》作戦をとった。日本軍に食糧や物資を渡さないよう建物や民家すべてを焼き払い、物資を持ち出して隠してしまうのである。したがって、日本軍は日本との交通の便のいい場所にある城に留まっていた。

シナではヌルハチが勃興して明を脅《おびや》かし、相次ぐ戦争に明の財政は窮乏していた。このときから十八年後には後金《こうきん》の建国があり、二十八年後には北京が占領されて明は滅んでいるのだから、秀吉が家康くらいボケずに長生きしていれば、そのまま明を倒し、朝鮮を占領した可能性は高かった。だが、和平交渉が決裂した以上、明も軍隊を動かさなければならない。約十五万の軍隊をかき集めて、麻貴《まき》を大将にした。

李舜臣《りしゅんしん》から再び元均《げんきん》に大将が代わっていた朝鮮の水軍は、日本の軍船を釜山付近で阻《はば》もうとしたが、敗れて元均は戦死。水軍を率いた藤堂高虎たちも名誉を回復した。ただ、相変わらず総大将がいない水軍なものだから、藤堂と加藤嘉明が功名を争って喧嘩し、ようやく仲直りさせたという粗末な事件もあった。

陸ではまず全羅道の南原城《なんげんじょう》を占領する。このとき取った首は三千七百を超えたという。そのまま京城まで進むこともできたが、日本軍はそうしなかった。進んでも食糧はないし、補給は見込めないから仕方がない、ということだった。

## 「石曼子」と「鬼上官」

有名なのは蔚山城の戦いである。日本は船の便のいい場所にいくつも城を築いていた。そのうちの一つ、蔚山城は加藤清正の担当だったが、ほぼ出来上がっていたものの、まだ完成に至ってはいなかった。このとき、相手をなめきって警戒が疎《おろそ》かになっていた蔚山城を、麻貴率いる明軍の本隊四万、朝鮮軍二千五百が急襲した。寝耳に水の日本軍は、気がついてみたらたちまち外郭を取られていた。浅野幸長が城に入り、急報を受けた清正も駆けつけた。慶長二年（一五九七）十二月二十二日のことである。

秀吉は城を造ったらまず食糧を運び込めと言っていたのだが、まだそこまでいっていなかった。二十四日に水脈が切られ、正月の一日になると、もう食糧も水もなくなって、玉砕《ぎょくさい》寸前まで追い詰められる。しかし清正率いる日本軍もよく抗戦したので、明から岡《おか》本越後《もとえちご》という者が使者として現れ、停戦と開城を呼びかけてきた。岡本はもと清正の家臣だったが、問題を起こして海外に逃れ、明に仕えたのだという。

そこで和平交渉をして時間を稼いでいるうちに、毛利秀元《もうりひでもと》らの援軍が四日に現れ、敵の背後に迫った。まさか自分たちが取り囲まれるとは思っていなかった明・朝鮮軍は、兵糧も武器も大砲もすべて捨てて退却した。このとき、日本軍は一万三百八十六人の首を取ったと明の記録にある。明軍はこの東の方面で二度と挑戦して来なかった。つまり、尻尾《しっぽ》を巻いて逃げたきりになった。

一方、西のほうを担当していた島津義弘は泗川《しせん》に新しく築いた城にいた。ここは沿岸のほぼ中央にあり、三方が海に面していて堀もあり、船が直接城につけられる便利で堅《けん》固《ご》な城だった。そこで、明の大軍が晋州に進撃してきたと聞くと、物見を出して出城を引き揚げさせ、泗川城に兵を集めた。二万六千八百人、実際は四、五万人とも言われる明軍は、日本軍がどんどん砦を放棄して退いていくものだから——日本軍は引き揚げる途中で敵の大将格を一人斬り殺し、一人を撃ち殺しているのだが——勝ち誇っていた。

そうして泗川城に引きつけておいて、明軍を散々に打ち破った。島津義弘自身が四人斬り殺したというし、義弘の三男・忠恒《ただつね》も七人斬ったと言われている。首帳《くびちょう》には、これはほぼ正確な数だと思うが、三万八千七十七の首をとったとある。

明・朝鮮軍はこのあと、島津軍を「石曼子《シーマンヅ》」と呼んで恐れ、島津軍の強さは数百年ののちまで語り継がれて、日清戦争でも「石曼子」といえばシナ人は怖がったという。

島津だけでなく、日本の武勇は恐怖の対象となり、とくに朝鮮では清正を呪詛《じゆそ》した。文禄の役で王子を満洲国境まで追い詰めて捕虜にし、晋州城では城壁を崩して大量虐殺をした清正は「鬼上官《きじようかん》」と呼ばれて恐れられた。

## 露梁津の戦いとノモンハン事件の共通点

惨敗が続いた明・朝鮮軍はまったく攻めてこなくなった。だから半永久的に南朝鮮を占領していることもできただろうが、慶長三年（一五九八）八月十八日、秀吉が伏見城で病死する。毛利輝元《てるもと》、宇喜多秀家《うきたひでいえ》、前田利家、徳川家康の四大老は、朝鮮からの引き揚げ命令書を出した。

講和については、「清正を中心に行うこと。ただし、場合によっては和議を結べるものは誰でも結んでよい」と言っている。いい加減な命令である。「講和条件は、人質を取ってもいいし、貢物《みつぎもの》を取っても何でもかまわない。とにかく、日本の外聞が損なわれないような形で引き揚げること。何ごとがあっても即断即決、本国の指令を仰ぐ必要はない」というので、それぞれの武将が出先で講和を結んだ。秀吉が死んだことは朝鮮も明も知らなかった。

どの武将もみな勝っていたので、講和は円滑に進んだ。順天《じゆんてん》にいた小西軍も、明が攻めあぐんで撤退していたから勝者として講和ができた。諸将は釜山に集まり、十一月に帰国することになった。

問題は、引き揚げてくる日本軍を、李舜臣の復帰した朝鮮水軍が明の大将・陳璘《ちんりん》率いる水軍とともに古今島《こきんとう》で待ち受けていたことである。この水軍は小西行長・松浦鎮信《まつらしげのぶ》の順天城を攻めていたのだが、なかなか落とせないのでいったん古今島に引き返し、そこで日本軍撤退を知って海上を封鎖したのである。

そこへ島津軍の引き揚げ船団が現れ、李舜臣の水軍とぶつかって露梁津《ろりようしん》の戦い（露梁海戦）が起こる。島津義弘は驚いたであろう。島津軍は順天の行長を迎えに行くところだったが、引き揚げるつもりで戦う準備をしていなかった。そこへ海上で待ち受けていた敵の大海軍と出会ってしまったのだから。

島津軍は大変な苦戦をして命からがら逃げて助かった、というのが日本でも通説になっている。ところが私は、これは非常に怪しいと思う。というのは、島津側の主立った武将は誰も戦死していないにもかかわらず、敵は明水軍の副将・鄧子龍《ていしりゅう》が斬り殺され、朝鮮水軍の大将・李舜臣が鉄砲の弾丸に当たって死んだうえ、さらに数人の朝鮮水軍幹部が戦死しているからである。これはどういうことかといえば、島津の兵隊たちは銃で応戦し、また元寇《げんこう》のときの日本軍のように明の指揮官船に斬り込んだということである。向こうは明・朝鮮の指揮官たちが殺され、こちらは被害こそあったが無事に引き揚げているのだから、日本が負けたとは言えないと思う。

敵の被害の正確な報道がないうちは、味方の被害しかわからないのである。その典型が、昭和十四年（一九三九）に起きたノモンハン事件だ。

満洲の国境をめぐって日ソ両軍が戦ったあの事件で、日本はおよそ一個師団が消えるほどの打撃を受けた。ソ連軍がどれくらいの打撃を受けたかはわからなかった。ソ連軍司令官ジューコフが嘘の発表をしただけだった。

だから日本は負けたと思っていたのだが、ソ連解体後に出てきた正確な資料によれば、戦車は日本の二十倍くらいの約八百台が破壊されているし、飛行機は十倍の約一千五百機も落とされているし、兵士の損傷も日本より多かったことがわかった。しかも向こうのほうが日本の何倍も兵力があったのだから、じつは日本は勝っていたのである。

明・朝鮮の報告書は、とにかく皇帝に褒められるために出すものだから、十倍、二十倍の誇大な戦果を書くのである。被害を報告する必要はない。

日本としては自分たちの被害しかわからない。だから向こうの史料だけを読むと負けたように思えるが、敵の二カ国の連合艦隊の指揮官の一人は斬り殺され、もう一人は撃ち殺され、こちらは島津義弘も息子の忠恒も無事に引き揚げている。城を攻撃されていた小西軍も、島津が戦っているうちに釜山に引き揚げた。だからこの戦いも、明・朝鮮の敗北と言うべきだろう。

明兵は手柄を報告するために、順天城のあたりに転がっていた多くの死体の首を持ち返り、朝鮮人捕虜や人質も殺し、これをすべて戦場での手柄にして大々的に報告し、島津義弘の船も焼いて皆殺しにしたとも言っている。明には監察官がいて、各所の敗軍――みんな負けているわけだから――の模様について報告書を作成しているのだが、大臣たちが押さえて皇帝には見せなかった。

## 同胞が殺し合った悲惨な朝鮮

明の文献によれば、この戦いのために「府庫《ふこ》、虚耗《きよもう》す」、つまり明の朝廷の蔵は空になったという。

日本は朝鮮の陶器、活版印刷、書物をたくさん持ち帰った。朝鮮はそれまで平和が長く続き、明の文化を享受していたから、こういったものに関しては進んでいたのである。

一番悲惨だったのは、足かけ七年にわたって日本軍と明軍に、これ以上荒らしようがないほど荒らされてしまった朝鮮である。

明の属邦である朝鮮では、宗主国・明の兵隊のことを天の兵隊、「天兵」と呼ぶ。その天兵は威張り散らして朝鮮政府を侮辱したり、朝鮮兵を虐待したりしていた。これは日本が言ったことではなくて、みんな向こうの記録に残っていることである。日本兵一人の首を切ると武官に抜擢《ばつてき》するというので、明の兵隊は朝鮮人の首を切って日本人だと言って出世した。朝鮮人も同胞の首を取って手柄にしたという。

朝鮮の役が終わったあとも明兵はしばらく駐留して掠奪《りやくだつ》をほしいままにし、慶長五年

（一六〇〇）になってようやく引き揚げている。そのときも、めぼしいものや女をごっそり持ち去った。

朝鮮人同士でも兵隊や盗賊がお互いに殺し合い、牛、馬、鶏、犬も見渡す限りみな食われていなくなった。女子供は長い間、家から出ることもできなかった。

慶長四年四月には、明の政府は日本の捕虜六十一人を北京の街で死刑にしているが、これも本当に日本人であったかどうかはわからない。朝鮮人であった可能性が高いと言われている。

さらに言えば、このあと僅か二十数年後には満洲族が明を滅ぼして満洲族の王朝・清《しん》を建国するのだが、朝鮮は明に建国の恩義があるので、清の言うことを聞かなかった。それで清軍が攻め込んできた。朝鮮の記録を見ると、「清軍の荒らし方は日本軍より酷かった」そうである。

明治の世になって、日本人は朝鮮が底抜けの貧乏なのに驚いた。民間にはうまい料理などない。通貨制度もない。町の汚いこと不潔なこと、言語を絶する。当時の学者たちのなかには、「朝鮮の民度は日本でいうと平清盛《たいらのきよもり》の時代か鎌倉初期くらいのレベルだろう」と言った人もいるくらいだ。

私の家に一年ばかり、北朝鮮の脱走兵を置いたことがある。彼は知識階級の出で、旧制平壌中学の卒業生で、私と同じ歳であった。私は朝鮮を批判するものだから朝鮮人嫌いだと思われるが、個人的には全然そんなことはない。彼とは気が合ったし、また彼は知的水準も高く教養もあった。それで彼も正直に何でも打ち明けてくれた。彼が言うには、「朝鮮ではおいしいものがあると、必ず全部シナに取られてしまった。だからオコゲなんかを有り難がる。シナの役人が入ってこないように、町はできるだけ汚くした。海があるのに魚料理があまりないのは、倭寇が怖いので海に出られなかったからだ」そうだ。

朝鮮は日本との併合時代に建国以来、最大の繁栄を享受したが、それも朝鮮戦争で元《もと》の木阿弥《もくあみ》となった。それが復興したのは、朴正熙《ぼくせいき》大統領が昭和四十年（一九六五）に日韓基本条約を結んで日本の経済的・技術的援助を惜しみなく受け、「維新革命」と称して日本のやりかたに倣《なら》って財閥までつくってからである。こうして「漢江《ハンガン》の奇跡」が起こった。

## 秀吉の惨めな最期

秀吉の死に方は、じつに英雄らしくなかった。「秀頼を頼みます、頼みます」と前田利家や徳川家康たちに言いながら死んでいる。アレキサンダー大王や、『三国志演義《さんごくしえんぎ》』の劉《りゅう》備《び》が死に臨んで「この子が利口だったら助けてやってくれ、そうでなければ別にかまわない」と言ったような態度ではなかった。豊臣家を残したくて泣いて頼んだ。本当に老《ろう》醜《しゅう》を曝《さら》した死に方だった。

前述したように、徳富蘇峰《とくとみそほう》は「人間の価値はいちばん値段の高いところで見なければいけない」と言った。秀吉は山崎《やまざき》の合戦から賤ヶ岳《しずがたけ》あたりまでの秀吉で見るべきだし、桂太郎《かつらたろう》なら日露戦争のときで人物を計るべきだというのだが、最晩年の秀吉は惨めで情けない老人であった。

辞世の句も、

「露と落ち　露と消えにしわが身かな　浪速のことは夢のまた夢」

という寂しいものだった。

こうして、我慢に我慢を重ねていた家康にようやく出番が回ってきたわけである。秀吉の享年《きょうねん》六十二。家康五十六歳であった。

## 秀吉の本質は「明るさ」にある

少年の頃、吉川英治《よしかわえいじ》（注1）の「天兵童子《てんぺいどうじ》」という少年小説を愛読した。これは天兵童子と少年、石川五右衛門《いしかわごえもん》が出てくる話である。この少年小説のなかに秀吉が登場すると、そこがぱっと明るくなった気がした。吉川英治の描き方がうまかったからであるが、それだけでなく、秀吉という人物の本質がそうだったのではないかと思う。

たしかに徳富蘇峰の示したように、信長を以《もっ》て日本の中世が終わったと言えよう。しかし、信長はまだ怖ろしい武将である。その怖ろしさは、戦闘の名人の信玄《しんげん》や謙信《けんしん》に通ずるところがある。しかし、秀吉が出てくると舞台がすべて明るくなる。信長の方針を引き継いだところはあるが、まさにその反対のところもある。

信長は皇室を擁して天下に号令しようとした。その威信を示すために、京都で馬揃《うまぞろ》えをしてみせた。秀吉は北野に大茶会を催し、聚楽第に行幸《ぎょうこう》していただき、醍醐《だいご》に花見し、おまけに金銀を気前よく分与している。

信長は比叡山を焼き、高野山を攻め、本願寺《ほんがんじ》と戦った。秀吉は比叡山延暦寺《えんりゃくじ》も高野山金剛峯寺《こんごうぶじ》も再興し、本願寺を優遇し、奈良の寺院にも好意的だった。大仏を建てたことも、昇平《しょうへい》の気分を世の中につくり出した。刀狩りを行って農民の武器を取り上げ、その金属を大仏殿に使ったのは象徴的でさえある。

もっとも田中義成《たなかよしなり》博士は、これは兵器を潰して金人《きんじん》十二（金属でつくった十二体の像）をつくった秦《しん》の始皇帝《しこうてい》と似ていると指摘した。秦の始皇帝が戦国時代を統一したのは、秀吉が応仁《おうにん》の乱の果てに分裂し群雄割拠《ぐんゆうかっきょ》の日本を統一したのと似ているし、秦が二代で滅んで漢《かん》の高祖《こうそ》が長期政権を建てたことも、豊臣氏が二代で滅んで家康が長期政権を建てたのと似ていると指摘している。

豊臣家が二代目で滅びたのは、明らかに政治・軍事に女が口を出したからである。真田《さなだ》幸村《ゆきむら》、後藤基次《ごとうもとつぐ》、長宗我部盛親《ちょうそかべもりちか》などの武士の言うことを聞いていれば大坂城はなかなか落ちず、二年ももったら家康は死んでいるのである。

平清盛の義母・池禅尼《いけのぜんに》が源頼朝《みなもとのよりとも》の命を助けたために平家は滅んだ。このことを武将は忘れず、頼朝夫人の北条政子《ほうじょうまさこ》を例外として、戦いのことに女は口を出さないことになっていた。

秀吉は、天下統一の原理は皇室にあると洞察して、天皇・皇族・公家らをすべて感激させるほど皇室関係者を優遇した。そして、最盛期の藤原氏のような高い位を天皇からいただいた。諸将にも位を与えて天皇に忠誠を誓わせたが、その天皇の下で断然、最高位にある秀吉は、こういう形で自分に忠誠を誓わせたのである。

そのため、大坂城は武将の城であるとともに公家的な要素が入っていた。つまり、トップに公家化が進行した。それとともに、女が公《おおやけ》のこと、つまり軍事に口を出し、外交を司《つかさど》ることになって、大坂城は夏の陣で終わりを告げ、豊臣家は滅んだのである。

（注1）**吉川英治**（一八九二〜一九六二）小説家。一世を風靡《ふうび》した講談社の大衆娯楽雑誌『キング』に連載した「神州天馬俠《しんしゅうてんまきょう》」（大正十五年）などで人気を集め、以後、「鳴門秘帖《なるとひちょう》」「宮本武蔵」で国民作家と呼ばれるまでになる。ほかに「三国志」「新書太閤記」「新平家物語」「私本太平記」など、歴史に材をとった作品を数多く発表した。

## 豊臣家の滅亡を惜しむ

秀吉は日本史のなかで、一番の英雄と言ってよいであろう。

何しろ、足軽《あしがる》から身を起こし、関白太政大臣として武力で日本全土を統治したのだ。

信長でも家康でも、出発点が大名である。時代を遡《さかのぼ》ってみても、平清盛も源頼朝もいずれも平家と源氏の「氏《うじ》の長者《ちょうじゃ》」の出であり、足利尊氏《たかうじ》も八幡太郎《はちまんたろう》源 義家《みなもとのよしいえ》（注1）の子孫だ。

戦国時代の足軽などは、いつひねり潰されてもおかしくない。それが足軽頭《あしがるがしら》になり、武士になり旗本《はたもと》になり、大名になり、天下を取ったのだ。空前の偉業である。その間、百戦無敗である。しかも九州や小田原を攻めたときは、「官軍」として追討詔勅《しょうちょく》を得ている。

信長のように敵を潰すことよりも降伏させることを重んじて、その場合は本領安堵をしている。「敵を殺さなければ済まぬ」という戦国的、また信長的発想と秀吉の発想はまったく違っていた。

信長が武田勝頼《たけだかつより》を滅ぼしたとき、秀吉は中国で毛利と戦っていたが、「私だったら勝頼に甲州を与え、関東・奥州征伐の先鋒に使うのだが」と言ったといわれる。秀吉の性格をよく示している。事実、秀吉は伊達政宗を利用して奥州を平定した。

朝鮮出兵の話は小林秀雄の指摘の如く、「事変の新しさ」がわからなかったことと、老衰が始まっていたことを考慮すべきである。とくに、秀吉が淀君に男の子を生ませたことが彼の知力を曇らせた。これが大きい。

秀吉には若いときから多くの若い側室がいたのに一人も子ができず、老齢になってから二人も生まれたこと自体を疑う人は少なくない。

当時の人の年齢を今日に換算するには、〇・七で割ると大体の見当がつくといわれる。すると、秀吉に子供が生まれたのはいまなら八十五、六歳に相当する年齢である。淀君の不倫ということを秀吉が考えなかったことが不思議だ（もっとも、最近では秀吉が気づいていたという小説もある）。そして、老人になってから男の子が生まれたことが、秀吉の晩年を卑小《ひしょう》にしたように思われてならない。

せっかく関白にした秀次とその妻妾《さいしょう》たちを殺した秀吉は、若いときの秀吉ではない。ただただ幼い子供に家を継がせたいと願うだけの老いぼれ爺《じじい》になってしまった観がある。それを人間的という見方もあると思うが、私は悲しく思うし、憐《あわ》れであるし、ひと口で言えば惜しい。

豊臣家の滅亡を私は残念に思っていた。前に述べたように、小学六年生のときの作文に「秀吉論」を書いたのであったが、その結論はいまでも覚えている。「豊臣家なら鎖国をしなかったであろうから大東亜戦争は不要であったろう」という主旨であった。それは昭和十七年のことであったが、それから七十年ほどの時間が経つ。その間に読んだ本も多く、考えたことも多いが、いまでも私はそう思っている。

（注１）**八幡太郎源義家**（一〇三九〜一一〇六）　源義家。河内《かわち》源氏三代目の嫡流《ちゃくりゅう》。石清水《いわしみず》八幡宮《はちまんぐう》で元服したため、八幡太郎と称した。平安末期、父・頼義《よりよし》とともに「前九年《ぜんくねん》の役」、父の死後に「後三年《ごさんねん》の役」を戦って勝ち、武勇を謳《うた》われるとともに武家としての源氏の基礎を築いた。英雄の誉《ほま》れが高く、鎌倉幕府を開いた源頼朝は玄孫《やしやご》（曾孫《ひまご》の子）にあたり、室町幕府を開いた足利尊氏、南朝方の名将・新田義貞《にったよしさだ》も子孫にあたる。かつ徳川家康も義家の子孫と称したため、後世、武家の間で神聖視された。

本書は、弊社より二〇一〇年十月に発刊された『渡部昇一「日本の歴史」第3巻 戦国篇 **戦乱と文化の興隆**』を、改訂した新版です。

**渡部　昇一（わたなべ・しょういち）**

上智大学名誉教授。英語学者。文明批評家。1930年、山形県鶴岡市生まれ。上智大学大学院修士課程修了後、独ミュンスター大学、英オクスフォード大学に留学。Dr. phil., Dr. phil. h.c.（英語学）。第24回エッセイストクラブ賞、第1回正論大賞受賞。著書に『英文法史』などの専門書、『文科の時代』『知的生活の方法』『知的余生の方法』『アメリカが畏怖した日本』『取り戻せ、日本を。 安倍晋三・私論』『読む年表 日本の歴史』『青春の読書』などの話題作やベストセラーが多数ある。

**渡部昇一「日本の歴史」第3巻　戦国篇**

# 戦乱と文化の興隆

2016年8月2日　初版発行

著　者　渡部　昇一

発行者　鈴木　隆一

発行所　ワック株式会社

東京都千代田区五番町4-5　五番町コスモビル　〒102-0076
電話　03-5226-7622
http://web-wac.co.jp/

印刷製本　図書印刷株式会社



ISBN978-4-89831-740-2

好評既刊

渡部昇一「日本の歴史」7　戦後篇
「戦後」混迷の時代から
渡部昇一
B-222
戦後、米軍占領期から今日まで七十年の日本の歩みとその核心部分を的確に捉え、歴史的意味をとにかく分かり易く解説。日本人のための本当の歴史誕生！
本体価格九二〇円

渡部昇一「日本の歴史」6　昭和篇
自衛の戦争だった「昭和の大戦」
渡部昇一
B-227
日清・日露戦争以後の日本を取り巻く国際情勢の的確な分析と日米関係の諸事実を紐解きながら、「昭和の大戦」の本質に迫ったまさに日本人必読の書！
本体価格九二〇円

渡部昇一「日本の歴史」5　明治篇
世界に躍り出た日本
渡部昇一
B-233
世界史を変えた日露戦争。ロシアの脅威を打ち砕き、白人に屈しなかったアジア唯一の国。そこには、指導者たちの決断と明治政府の高度な外交戦略があった。
本体価格九二〇円

http://web-wac.co.jp/